Research on Fiscal Decentralization and
the Scale of Local Government in

CHINA

from the Spatial Perspective

基于空间视角的中国财政
分权与地方政府规模研究

王海南 ◎著

中国财经出版传媒集团

经济科学出版社
Economic Science Press

图书在版编目（CIP）数据

基于空间视角的中国财政分权与地方政府规模研究／
王海南著. —北京：经济科学出版社，2022. 10
ISBN 978 - 7 - 5218 - 4102 - 2

Ⅰ. ①基… Ⅱ. ①王… Ⅲ. ①地方政府 - 财政分散制 -
研究报告 - 中国②地方政府 - 组织机构 - 研究 - 中国
Ⅳ. ①F812. 2②D625

中国版本图书馆 CIP 数据核字（2022）第 189924 号

责任编辑：宋艳波
责任校对：王京宁
责任印制：邱　天

基于空间视角的中国财政分权与地方政府规模研究
王海南　著
经济科学出版社出版、发行　新华书店经销
社址：北京市海淀区阜成路甲 28 号　邮编：100142
总编部电话：010 - 88191217　发行部电话：010 - 88191522
网址：www. esp. com. cn
电子邮箱：esp@ esp. com. cn
天猫网店：经济科学出版社旗舰店
网址：http：//jjkxcbs. tmall. com
北京时捷印刷有限公司印装
710 × 1000　16 开　10 印张　200000 字
2022 年 10 月第 1 版　2022 年 10 月第 1 次印刷
ISBN 978 - 7 - 5218 - 4102 - 2　定价：68. 00 元
（图书出现印装问题，本社负责调换。电话：010 - 88191510）
（版权所有　侵权必究　打击盗版　举报热线：010 - 88191661
QQ：2242791300　营销中心电话：010 - 88191537
电子邮箱：dbts@ esp. com. cn）

前　言

　　规范合理的政府间财政关系是多级政府框架下推动科学发展、促进社会和谐、维护公平正义、实现稳定繁荣的重要保障。一般认为中央与地方政府间财政关系会对地方政府规模产生关键影响，很多国家也将财政分权作为限制地方政府规模的重要手段，因而财政分权与地方政府规模关系的研究一直是事关政府改革与经济发展的重要课题。

　　对于中国而言，随着中国社会主义市场经济体制不断完善和财政分权化改革的逐步深化，地方政府在中国经济社会发展中的作用越发突出，然而也无法忽视财政分权下各地方政府之间日益显现的竞争态势，呈现出在支出领域中对基本建设支出等方面的偏好，进而引致地方政府规模的变动。这一事实引起国内外学者的关注，从国外关于"利维坦假说"的争论，到国内大部分研究认为这一假说在中国不成立，很多学者的研究积累了较为丰富的材料。然而大部分研究往往忽视了地方政府规模之间的相互影响，这与市场经济条件下经济要素自由流动的现实矛盾，也与地方政府竞争实践相悖。事实上，除了竞争机制之外，还有两个机制使地方政府规模相互影响：一是财政政策的外溢效应机制；二是标尺竞争机制。国内部分学者已经意识到这一问题，逐步将空间计量方法引入地方政府规模研究。

本书试图以空间计量经济学方法为工具，从地方政府规模之间的空间相关性出发，从省级视角揭示我国地方政府规模的空间格局演变、主要决定因素及地方政府规模间的策略互动行为，建立更加符合中国现实、更加规范系统的财政分权与地方政府规模关系研究的一般框架。

本书首先梳理了财政分权与地方政府规模关系的相关理论成果，很多已有的研究成果着眼于地方政府支出规模之间的相关性。接下来充分展开蒂伯特模型、财政竞争理论、标尺竞争理论和财政溢出效应等反映地方政府规模具有空间相关性的理论。这些理论为空间计量经济学应用于本研究提供了理论依据，指明了测度地方政府规模间相互影响特别是捕捉地方政府规模间竞争强度的合理性和必要性。

其次是本书的主体研究部分。先是对财政分权及地方政府规模的基本介绍，涉及改革历程和现状分析，这是进行实证分析的现实基础。接下来，应用探索性空间数据分析方法，在地方政府规模空间相关性检验得到证实的情况下，对其相关程度和演变格局予以呈现，为后文回归分析提供参照。本研究中，应用的证实性空间数据对支出分权和纵向不平衡与省级视角下地方政府规模之间的关系进行了空间计量经济检验，并以基本公共建设支出为例，发现地方政府规模之间的空间相关性进而测度其相关方式与强度。此外，本研究探讨了财政分权对省际劳动力要素市场的影响。

最后是结论和政策建议部分。研究的主要发现在于以下几方面：第一，探索性空间数据分析结果表明无论是地方政府规模还是基本公共建设支出之间，都存在显著且稳定的空间相关性，反映了中国地方政府可能的财政溢出效应。第二，空间计量经济分析结果表明，研究假设得到证实：存在竞争关系的地方政府支出规模和基本公共建设支出互为参照，竞相提高；省内财政分权水平提高，有利于抑制地方政府规模的膨胀，但没有明确证据支持省内财政分权对基本公共建设支出的抑制作用；纵向不平衡程度增加有利于基本公共建设支出水平提高。研究认为，在官员考核中，若将经济增速视为关键指标，将引发支出竞争并推进地方政府规模膨胀，并且加速的生产要素流动有利于地方政府提高公共物品的提供效率和降低成本。因此，在政策设计上，应以此两项改革的推进为核心。

　　由于水平有限，本书一定存在许多错漏之处，恳请读者批评指正。

目 录 CONTENTS

第1章

绪 论

1.1 选题背景与意义

近年来，随着中国社会主义市场经济的快速发展、财政分权化改革的不断深化及地方政府机构改革的逐步展开，地方政府在现代经济社会生活中的作用越发重要，其财政规模亦随之扩大。1994～2019 年，以支出指标度量的省际政府一般预算支出规模以年均 16.98%[①]的速度扩张，其原因是多方面的，既与近年来逐渐提高和加速的城镇化率有关，也受中国经济快速发展引致的人均收入提高影响。当然，还有很多因素会导致政府规模的扩张，其中财政分权被多次证实为在中国能显著拉动地方政府规模扩张的重要因素。深入分析财政分权与地方政府规模的关系已

[①] 笔者根据《中国统计年鉴（2020）》计算。

成为学术界的一个重要研究课题。

布坎南和布伦南（Buchanan and Brennan，1980）认为地方政府是一个追求税收收入最大化的实体，财政分权会令地方政府为了吸引居民和企业税源流入而展开竞争，从而遏制地方政府规模过度膨胀，即"利维坦假说"。国外学者围绕该假说进行了大量的实证研究，结果莫衷一是。与此形成鲜明对照的是，国内学者通过对财政分权与中国地方政府规模的研究却基本达成共识："利维坦假说"在中国不成立；财政分权对地方政府规模扩张具有显著正向作用。对于该结论的前半部分，原因大体可归纳为地方政府行为监督机制缺乏、人口和资本等生产要素流动受限、转移支付体系缺失和预算约束软化等。而对于结论的后半部分，其原因一致指向地方政府间竞争：改革开放后，地方政府除承担公共事务管理功能外，还要承担搞活经济的职责。随着改革开放和市场经济的不断向前推进，要素在地区间的流动越来越顺畅、越来越快速，地方政府开始竞相为资本进行实质意义上的减免税。而且，一些地方政府对投资的争取并不满足于减免税收，而是减税与增支并举，通过增加经济性支出，即基本公共建设支出改善本地投资环境，以追求更高的经济增长率。依此来看，以往关于财政分权与地方政府规模的研究是有缺憾的。

首先，既然在地方政府通过支出竞争扩大规模上存在一致观点，那么也即承认了地方政府之间存在相互影响，也就是说各地方政府规模之间存在空间相关，但其实证研究中却未予以引入，其结果可能存在偏差甚至错误。

进而，地方政府规模之间的竞争关系需要以适当的形式引入实证模型，这关系对模型的解读和对政策的影响。另外，除竞争关系外，地方政府规模之间还可能存在溢出效应，即互补关系，如一地的医院可能为临近地区的病人带来便利从而减少相关支出以抑制临近地区政府规模，这也是必须考虑的一个重要问题。

正是在这样的背景下，本书试图从省级视角下，通过利用 2000 ~ 2010 年数据，对财政分权与地方政府规模之间的关系进行规范的空间计量经济学实证研究，以期解决以下两个根本性问题。

其一，在控制空间相关性的情况下，财政分权与中国的地方政府规模之间的关系是否会发生变化，是否会不支持二者的显著正向关系甚至转而支持"利维坦假说"；

其二，地方政府规模之间是否真正存在竞争关系及存在多大强度的竞争关系。

所以，本研究具有一定理论意义，可以丰富财政学、区域经济学和经济地理学领域的文献，同时将空间计量经济学的研究方法引入财政分权与地方政府规模的研究，为该领域研究建立一般框架；同时也具有一定的实践意义，通过突破传统研究方法的一般假设，为决策提供更为符合实际的研究成果，为合理控制政府规模、确立适宜的财政分权度提供借鉴。

1.2 研究思路与框架

1.2.1 研究思路

当前，对中国财政分权与地方政府规模的研究，主要集中在应用计量经济方法捕捉财政分权对地方政府规模的影响上，这些主要存在以下两个问题。

一是对财政分权影响地方政府规模的机理分析相对不足。研究着重于财政分权对地方政府规模的影响的计量分析，从而验证"利维坦假说"等理论的有效性。这些研究还处于持续探索发展的阶段，缺乏财政分权对地方政府规模影响机理的研究，即探讨财政分权通过怎样的方式影响了地方政府规模，也即财政分权如何通过改变政府效率、竞争关系或者互补关系来推进地方政府规模的变化？这是一个需要继续深入研究的问题。

二是其他地方政府规模对本地地方政府规模的影响分析相对缺乏。"财政竞争"与"标尺竞争"等理论在国内外财政实践中均已得到广泛证实。在市场经济条件下，这些竞争关系就表现得更为明显。因此，在理论分析中，必须突破独立同分布假设，以适当的方式控制其他地方政府的空间影响更相对符合实际，以保证计量分析结果的有效性和一致性，进而保证理论分析的科学性以实现对实践的有效指导。

正是基于这样的现实，本研究拟采用充分考虑地方政府规模相关性的空间计量经济学方法，主要针对当前研究中存在的不足进行实证分析，并努力建立这一领域研究的规范的一般框架，扩展财政分权与地方政府规模研究的视角，除获取控制空间相关后的更为可信的回归结果之外，还试图捕捉其他省份地方政府规模对本省政府规模的影响。

值得指出的是，本研究的着力点在扩大以往研究的广度上，但也力图在研究的深度上有所突破，主要反映在地方政府规模空间关系的矩阵设定上——通过不同形式的矩阵设定，将地方政府的竞争引入计量分析之中，以期对该问题的研究深度有一定程度上的推进。

1.2.2 篇章安排

本研究篇章的内容安排如下。

第 1 章为绪论，在阐述选题背景与意义的基础上，对研究内容和篇章结构进行了简要概括，并对研究方法和样本数据加以简要说明，最后指出了研究特色与不足之处。

第 2 章为相关研究成果综述。首先讨论了相关概念的界定和度量，然后从经济、社会、政治、地理等因素方面讨论其对地方政府规模的影响，最后对财政分权与地方政府规模关系及地方政府规模的空间相关影响的文献加以总结归纳和评述。

第3章阐述了财政分权与地方政府规模的理论分析框架。在对蒂伯特模型、财政竞争、标尺竞争、财政外溢效应等经典理论进行概要分析的基础上，确立了研究的理论分析框架。

第4章回顾了中国财政分权改革历程。主要从中央与地方政府间关系角度探讨中华人民共和国成立以来相关改革与调整，之后对当前中国财政分权的特征进行了概括总结。

第5章论述了中国地方政府规模的变动历程。首先对中国地方政府的几次机构改革情况进行了概括，其次分别从全国视角和省级视角对地方政府财政支出规模的变化进行了简要的数据分析。

第6章运用空间计量经济学方法，对中国省级视角下财政分权与地方政府规模之间的关系进行了实证研究。研究证实并测算了地方政府规模之间的空间相关性及其强度，以地方政府基本公共建设支出为例，具体探讨地方政府规模之间的竞争效应，并实证检验了财政分权与劳动力市场一体化的关系。实证结果捕捉到了控制空间相关性条件下，财政分权对地方政府规模的影响，得到了地方政府之间相互参照竞相扩大支出规模的证据。

第7章为研究结论与展望，以及政策建议。

1.3 研究方法与样本数据

本研究依据财政学和空间经济学中的分权理论与计量经济学方法，对2000~2019年中国地方政府规模及2000~2006年基本公共建设支出的空间演变格局进行动态描述，并以此为基础，研判地方政府规模的演变态势，对财政分权与地方政府规模之间的关系进行空间实证检验，并试图以地方政府基本公共建设支出为例，发现控制空间相关性条件下，财政分权对地方政府规模的结构性影响。之后，分析了 2000～2018 年财政分权对劳动力要素市场的影响。最后，以实证结果为根据，提出政策建议，明确未来研究方向。具体而言包括以下几个方面。

首先，应用探索性空间数据分析方法（ESDA）对中国地方政府规模空间格局的演变过程进行统计描述和可视化，以发现地方政府规模的空间集聚模式，实现对省级视角下的地方政府规模进行总体分析和展望，形成对中国地方政府规模演变总体态势的基本把握。

其次，应用空间计量经济学工具，对地方政府规模的空间相关性进行检验，在证实的基础上，应用地理邻接矩阵和行政矩阵对财政分权与地方政府规模之间的关系进行实证分析，发现中国财政分权对地方政府规模的影响及地方政府规模间的空间相互影响。

再次，以地方政府基本公共建设支出为例，以地理矩阵捕捉混合效应，以行政矩阵捕捉竞争效应，发现不同省份基本公共建设支出之间的相互影响方式和强度；并运用时空地理加权回归模型，实证分析了财政分权对劳动力市场一体化影响的时空异质性。

需要指出的是，传统的计量经济分析是建立在区域经济独立同分布的基础上的，市场经济条件下，这与区域经济发展的实践相悖，以此方法进行分析往往导致结果存在误差甚至错误，从而导致对现实情况的误判，影响解决方案的效果。财政学的"财政政策策略性行为"与"标尺竞争"等成熟理论也早已证明不同地区政府支出之间存在相关性。基于此，本研究所有实证结果均是在证实地方政府规模存在空间相关性的前提下，应用相应的空间计量经济学工具进行回归分析得到的，避免了忽视空间相关性和空间异质性所带来的一系列问题。其中，探索性空间数据分析（ESDA）和空间计量经济模型分析由分别由 GEODA、MATLAB 和 ARCGIS 实现。

如前所述，本研究的主体部分包括三个方面：财政分权与地方政府规模关系研究、财政分权与地方政府基本公共建设支出研究、财政分权与地方劳动力要素市场研究。囿于行政区划调整和指标口径的一致性，上述研究分别选择 2000~2010 年共 11 年 30 个省份（不含海南省和港澳台地区）省级面板数据、2000~2006 年共 7 年 30 个省份（不含海南省和港澳台地区）省级面板数据，以及 2000~2018 年共 19 年 30 个省份（不含西藏自治区和港澳台地区）面板数据，均属于大样本研究。

1.4 创新与不足

如前面所述，虽然我国关于财政分权与地方政府规模的研究林林总总，但应用空间计量经济学方法的研究成果尚不多见，特别是缺少应用面板数据对二者关系进行空间计量经济学的相关研究。因此，本研究在吸收前人研究成果的基础上，从地方政府规模的空间关联模式入手，将财政分权与地方政府规模关系的实证结果与可视化的地方政府规模空间格局演变过程相结合，探究财政分权与地方政府规模之间的关系及各省份地方政府规模之间的互动关系。具体而言，本研究具有如下几个方面特色。

第一，本研究所采用的空间方法拓宽了财政分权与地方政府规模关系的研究的视角，既通过突破独立同分布假设在控制空间相关性的条件下获得了更为可信的财政分权对地方政府规模的影响，也捕捉到了地方政府规模之间相互影响的强度与方向，包括以地理邻接为基础的混合效应和以竞争关系为基础的竞争效应。

第二，应用探索性空间数据分析（ESDA）方法分别对地方政府规模和基本公共建设支出的空间格局的动态演变过程进行可视化呈现，全景反映二者的空间格局和演变过程，这有利于发现地方政府规模的总体特点，为证实性空间数据分析（CSDA）提供参照。

第三，突破之前空间计量研究多采用横截面数据分析的局限性，将系统规范的面板数据分析引入研究中，使用极大似然法和 Hausman 检验方法确定空间模型的设定和固定效应、随机效应的选取，保证了回归结果的可靠性。

第四，以基本公共建设支出为例，以地理邻接矩阵捕捉地方政府规模间的混合效应，以行政矩阵捕捉地方政府规模间的竞争效应，测度其互动方式和互动强度，将研究范围拓展到地方政府的支出结构，使对地方政府规模的分析更加深入，与之前不进行测度及仅限于横截面数据的测度相比，这是一个进步。

当然，本研究仍存在诸多不足。从研究框架来看，本研究的侧重点在于丰富考察财政分权与地方政府规模的视角，而未对财政分权影响地方政府规模的机理"黑箱"进行重点讨论；从研究方法上看，空间计量经济学并非完美无瑕，其关键在于空间矩阵的设定，它反映的是区域间的联系方式。任何空间矩阵的设定，都要求一定的邻接原则，因此将无邻接区域纳入空间计量经济分析就会存在困难，海南省就属于这种情况而未被纳入本研究的考虑范围，这是一个不足。

另外，由于部分指标的调整较大导致口径不一，加上行政区划的频繁调整及数据的可得性与处理的繁复性，本研究选用的数据年限较短、研究对象也相对较少，由于现实条件的限制，这些问题只能在以后的研究中弥补。

第2章

相关研究成果综述

　　作为事关一国政治稳定和经济发展的现实议题，地方政府规模问题一直是国内外学者在理论研究中关注的热点，加之财政分权问题由来已久，并在各个国家不同程度广泛存在，而其产生的一系列经济政治后果中，地方政府规模更成为学界关注的重要方面。从大量文献的回顾中不难发现，对财政分权与地方政府规模的研究，涉及对地方政府规模的定义和度量、决定因素等方面的分析，并更多地集中在财政分权与地方政府规模两者之间相关关系及地方政府规模空间相关性的探讨和实证检验上。

2.1　概念界定

　　从国内外相关文献来看，对地方政府规模的定义及测度存在多种方式。因此，为了使逻辑清晰，在对地方政府规模进行界定前，有必要厘清地方政府这一基本概念。

2.1.1　财政分权

财政分权有广义、狭义之分。广义的财政分权包括政府向市场的分权、上下级政府间的纵向分权及同级立法、行政和司法机构之间的横向分权（王玮，2004）。狭义的财政分权是指在一个多级政府框架内，上级政府将一定的征税权和支出权让渡给下级政府的过程，或者说是赋予较低级次政府一定的财政收支自主权（贾俊雪，2015），本研究关注的是狭义的、通常意义上的央地间财政分权，即中央政府与省级政府之间事权、财权和财力上的划分。

在衡量财政分权指标方面，财政分权度（FD）在学界一直存在争议，使用不同的分权指标会使原结论发生显著改变（陈硕、高琳，2012；张芬、赵晓军，2016）。财政分权表现在收入预算和支出预算两方面（乔宝云等，2005），为了便于达成一致看法，保证相关研究的可对比性，本研究参照被广泛使用的省际财政分权计算方法。财政分权度指标包括财政支出分权度（fde）、财政收入分权度（fdr）、财政自给率（fdss）。财政支出分权度以人均省级财政支出占人均省级财政支出与人均中央财政支出之和的比重来衡量，计算公式为财政支出分权度＝人均省级支出/（人均省级支出＋人均中央支出），其中人均省级支出为各省人均财政支出，人均中央支出为全国人口平均支出。同理，财政收入分权度＝人均省级收入/（人均省级收入＋人均中央收入）；财政自给率以省份财政收入与其财政支出之比衡量。

2.1.2　地方政府

政府是随着国家的出现而产生的，并随着国家的日益发展、社会政治和经济生活的日趋复杂，政府的职能和规模将不断扩大，机构将逐步完善。在传统的政治学教材中，广义的政府是"包括立法、行政、司法等所有国家机关在内的国家机构的整体"[①]，狭义的政府仅指国家行政机关。按照级次标准，可将政府划分为中央政府和地方政府。

具体到地方政府，在国内外文献中，学者们大都认同"地方政府"作为一个政府单位具有权力的非主权性、治理的局部性，以及职责的地方性等基本特性。在国内外实践中，"地方政府往往特指那些直接负责向居民提供公共服务的较低级次的政府（如县、市和乡镇政府），还有一些国家（如菲律宾）将中央政府以下的所有政府统称为地方政府"[②]。具体到不同国家，由于存在不同的国家结构、政治制度等现实国情，地方政府具有不同的内涵与外延。"在单一制的英国，地方政府是指那些对所在地域进行直接治理的政府，即指基层政府；在联邦制的美国，它既包括联邦成员单位的分支机构县、市、乡、镇，也包括学区、特别区等特殊目的的政府"[③]；然而在中国，根据《辞海》中的解释，它是"中央政府的对称，是设置在地方各级行政区域内负责行政工作的国家机关"。现行《中华人民共和国宪法》（2018 年修正）第一百零五条对地方各级人民政府表述为"是地方各级国家权力机关的执行机关，是地方各级国家行政机关"；并在第九十五条中列明"省、直辖市、县、市、市辖区、乡、民族乡、镇设立人民代表大会和人民政府"。因而我国具有如下四个级次的地方政府，即省（自治区、直辖市）、地级市（州、自治州、盟）、县（自治县、县级市、旗、特区、林区）、镇（乡、民族乡）政府。

---

① 王惠岩：《政府学原理》，高等教育出版社 2003 年版，第 134 页。
② 郭庆旺、贾俊雪：《中国地方政府规模和结构优化研究》，中国人民大学出版社 2012 年版，第 3 页。
③ 李和中：《中国地方政府规模与结构评价蓝皮书》，中国社会科学出版社 2008 年版，第 15 页。

　　归结国内外文献与实践中对地方政府的不同定位，实际上地方政府可理解为三种含义：一是指除中央政府以外的其他各级政府，此为宽口径；二是指中央政府和联邦成员政府以外的各级政府，此为中口径；三是指基层政府，此为窄口径。本研究主要从中央与地方政府间财政关系的财政分权视角考察地方政府规模及其结构，因而选用广口径的地方政府含义，即各省、自治区、直辖市及其以下级次政府。如前面所述，地方政府在所辖行政区域内管理公共事务，具有议决权、执行权和行政权，与中央政府相比，地方政府在政策的制定、立法等方面仅有有限的权力，当然在中国也存在与同级别省份相比权力较大的地方政府，如地方民族自治区，根据《宪法》和《民族区域自治法》的规定，它们拥有广泛的自治权，另外还有香港和澳门等特别行政区，它们在中央政府的管理之下，实行不同于一般行政区的政治经济法律制度，拥有高度的自治权。

　　如上面所言，除香港和澳门两个特别行政区和台湾地区以外，我国地方政府主要采取四级架构，即省级政府、地市级政府、县级政府和乡镇级政府，每级地方政府在行政上直接隶属于上一级政府。2019 年，我国共有 31 个省级政府，包括 4 个直辖市（北京、上海、天津和重庆）、22 个省（河北、山西、辽宁、吉林、黑龙江、江苏、浙江、安徽、福建、江西、山东、河南、湖北、湖南、广东、海南、四川、贵州、云南、陕西、甘肃和青海）、5 个民族自治区（内蒙古、广西、西藏、宁夏和新疆），共下辖 333 个地市级政府（包括 293 个地级市）、2846 个县级政府（包括 965 个市辖区、387 个县级市、1323 个县和 117 个自治县）和 38755 个乡镇政府（包括 21013 个镇、9221 个乡和 8519 个街道办事处）①。每级地方政府根据自身在体制结构中的行政地位和活动范围来履行职责。但作为个体的地方政府与整体之间、各个地方政府之间，由于

---

① 全国行政区划数据来源于 2020 年《中国统计年鉴》。

利益和行为方式的差异，彼此之间存在着空间的关联。

2.1.3　地方政府规模

国内文献中较早对政府规模进行探讨的，当为王玉明（1998）在《论政府规模及其合理尺度》一文中对政府规模概念的界定，即"政府规模是指以职能和权力配置为基础，按一定组织原则建构的政府各个具体组成部分的总和。它包括内在规模（职能、权力）和外在规模（机构、人员、费用）两个部分，其中内在规模决定外在规模"，这一定义也得到学者们的广泛认同，同时仍存在对内在规模和外在规模理解上的差异。以此为基础，之后的学者对政府规模界定有了新的发展，从政府职能、权力、机构、人员、财政等角度对政府规模进行了较为广泛地研究，从古典经济学到现代政治学、经济学、管理学都有论及。

在概念定义方面，大部分学者认为，根据政府这一概念的界定不同，政府规模有狭义和广义之分。狭义规模是指以政府职能和权力配置为基础，按一定组织原则建构的政府各个具体组成部分的总和。它包括内在规模和外在规模，前者是由政府职能、政府权力等无形要素构成的规模，后者是由政府机构、公务人员、财政支出、公共事务等有形要素构成的规模。无形要素的规模决定有形要素的规模，有形要素是无形要素的物质载体。另外，有些学者还从政府规模的构成内容来看，认为政府规模包括财政规模、人员规模、机构规模、公务规模等（金红磊，2010；龚璞、杨永恒，2017；王伟强，2018）。因而对应于地方政府规模衡量指标的选取方面，一般涉及财政规模指标、职能规模指标和人员规模指标（见表2-1）。

表 2-1　　　　　　　　　　　地方政府规模评价指标

一级指标		二级指标	
指标名称	指标含义	指标名称	指标含义
财政规模	地方政府财政支出总量	财政支出比率	财政支出/GDP
		财政收入比率	财政收入/GDP
		人均财政支出	财政支出/常住人口数
人员规模	本地方本级财政供养的人员总量	财政供养比例	财政供养人数/年末常住人口
		GDP 财政供养人员	GDP/财政供养人数
		公共部门地域就业系数	财政供养人数/全社会从业人数
		公共部门城镇就业系数	财政供养人数/城镇职工数
职能规模	地方政府公共管理与公共服务供给的职能结构及其边界	行政运转职能规模	一般公共服务占财政支出的比例
		公共秩序维持职能规模	公共安全支出占财政支出的比例
		经济投资职能规模	农林水事务、交通运输、工业商业金融事务等支出总和占财政支出的比例
		基础型公共品供给职能规模	外交、国防、教育、科学技术、文化体育与传媒、医疗卫生、环境保护、城乡社区事务等支出总和占财政支出的比例
		再分配型公共品供给职能规模	社会保障和就业、社会保险基金支出、转移性支出等支出总和占财政支出的比例

资料来源：李和中主编，《中国地方政府规模与结构评价蓝皮书》，中国社会科学出版社 2009 年版，第 66 页。本表格在其基础上进行了调整。

　　以上指标中，通常政府和媒体采用人员指标（如公共部门工作人员的数量）作为衡量地方政府规模的标准，但通过这一指标推断出的政府规模可能会对人产生误导。例如，在少量人员操控庞大精密的机器做出所有经济决策的情况下，用人员指标则低估了政府的重要性及规模。特别是对于中国而言，很多学者认为人员指标更难以准确反映政府规模的水平，原因在于中国许多行政机构一直延伸到企业这一微观经济单位，部分政府工作人员未被计入政府人员中，人员指标极容易低估中国政府规模。因此，人员指标虽然有助于作为判断政府规模的参考，但不能说明政府规模的核心问题——政府控制资源的程度。对于财政指标测度的政府规模，包括收入指标和支出指标，通常理论与实践中选用支出指标来衡量政府规模。原因在于从控制资源程度看，虽然财政收入体现了政府通过各种收入手段集中的社会资源程度，但它仅表明政府对这些资源使用和支配的可能，而财政支出无论通过何种渠道最终都会表现为政府部门的实际使用和支配情况。因而，支出指标比收入指标更能真实地反映政府规模。

进一步讲，支出指标的形式包括绝对指标和相对指标，前者为财政支出的绝对数额，后者为财政支出占其他变量（如 GDP、总人口数等）的比重，对于本研究中地方政府规模的衡量，使用各省级政府财政支出占 GDP 的比重这一指标更能合理体现地方政府对本地经济资源的支配程度。因而本研究从财政规模角度，选取省级财政预算内支出占 GDP 的比重这一相对值作为地方政府规模的衡量指标①。与此相对应，财政分权度以支出法度量，主要基于如下原因：虽然以地方财政收支为基础的财政分权度衡量方法忽略了财政分权的其他因素，但能总体反映财政分权的程度，并因简单方便而在实证研究中被广泛采用。另外，由于在实证研究中，支出法比收入法运用更为普遍，有利于结论对比。为控制人口因素对财政资源在中央和地方之间的影响，本研究使用人均值体现支出水平：一是将省级财政分权定义为人均各省财政支出占人均总财政支出的比例，二是将省内财政分权定义为省以下财政支出占各省财政支出的比例。

2.1.4 地方政府支出结构

在以地方财政支出作为政府规模的测度指标的情况下，政府间不同的支出结构产生的空间影响进而对政府规模的影响有所不同。依据现行

---

① 限于各省预算外支出数据的可得性，本研究选用各省预算内支出占 GDP 比重衡量地方政府规模，可能会低估地方政府规模的实际水平。

《中华人民共和国宪法》（2018 年修正）第一百零七条中对地方政府职能的划定，即"县级以上地方各级人民政府依照法律规定的权限，管理本行政区域内的经济、教育、科学、文化、卫生、体育事业、城乡建设事业和财政、民政、公安、民族事务、司法行政、监察、计划生育等行政工作，发布决定和命令，任免、培训、考核和奖惩行政工作人员。乡、民族乡、镇的人民政府执行本级人民代表大会的决议和上级国家行政机关的决定和命令，管理本行政区域内的行政工作"。

在 2007 年之前，地方政府支出按如下内容统计：基本建设支出、挖潜改造支出、地质勘探费、科技三项费用、流动资金、支援农村生产支出、农业综合开发支出、农林水利气象等部门事业费、工业交通部门事业费、流通部门事业费、文体广播事业费、教育事业费、科学事业费、卫生经费、税务等部门的事业费、抚恤金和社会福利救济费、行政事业单位离退休经费、社会保障补助支出、国防支出、行政管理费、外交外事支出、武装警察部队支出、公检法司支出、城市维护费、政策性补贴支出、支援不发达地区支出、海域开发建设和场地使用费支出、专项支出以及其他支出等。

2006 年我国参照国际货币基金组织（IMF）对各成员方的要求，并结合实际情况，进行了财政支出分类改革，2007 初步建立了与当时预算管理要求相适应的较为完善的支出分类科目。2015 年实施新修订的《中华人民共和国预算法》后，法律要求各级政府和各部门（单位）在按功能分类编制预算基础上，同时还要按支出经济分类编制预算。对应于现行《中国统计年鉴》《中国财政年鉴》等财政统计资料，地方政府预算支出包括如下内容：一般公共服务、外交、国防、公共安全、教育、科学技术、文化体育与传媒、社会保障和就业、医疗卫生、环境保护、城乡社区事务、农林水事务、交通运输、工业商业金融等事务、地震灾后重建支出和其他支出等。

在理论和实践中，学者们通常将地方政府中的支出按公共服务领域的不同划分为三类支出：一为经济性支出，如基本建设、城市维护建设等由地方政府参与生产和投资的支出，这部分支出对经济增长在短期内有明显的促进作用；二为社会性支出，如科教文卫、支援农村生产建设等方面的支出，这部分支出虽然短期内对经济增长的促进作用不太明显，但长期看会有显著的促进作用；三为维持性支出，或称为消费性支出，如行政管理支出、国家支出等保证国家机器正常运转的支出。当然，除了此种分类，还可按支出用途、费用类别和经济性质等标准进行分类。

地方政府支出分类方法较多，且各有其合理性，不同分类方法之间可互为参照，互为借鉴，有利于增进对各种分类的认识和理解。但鉴于分类的简明性和操作的可行性，在本研究中，选取按公共服务领域的分类，以基本公共建设支出即经济性支出为例，探讨考虑空间相关条件下，财政分权对经济性基础的影响以及不同地区之间经济性支出的相互作用，以此作为对不同地区地方政府规模之间空间互动关系的深入剖析。

2.2 地方政府规模的一般影响因素

国内外学者对影响政府规模的因素的论述，已形成较为一致的观点，归结起来主要包括经济因素、社会因素、政治因素、地理因素等。上述因素同样影响地方政府规模，除此之外，学者们更强调财政分权对地方政府规模的影响，此部分将在下节展开论述。

（1）经济因素。影响政府规模的经济因素主要包括经济发展水平、收入分配状况、对外开放程度等。对于经济发展水平，早在19世纪80年代德国经济学家瓦格纳Wagner在对欧洲国家和美国、日本等国经验性材料进行实证分析基础上指出：随着国民收入的增长，财政支出会以更大比例增长。随着人均收入水平的提高，政府支出占国民生产总值的比重将会提高，即财政支出不断增长法则，被后人称为"瓦格纳法则"（Wagner's Law）。另外，在经济发展的不同阶段，财政支出中的积累性支出、消费性支出及转移性支出均会有所差异和侧重，进而影响政府支出规模与结构（Rostow，1971）。除了经济发展水平因素，收入分配状况、经济体制以及对外开放度的提高也会影响政府职能转变和支出偏好进而影响政府规模与结构（郑法川，2012；张雅林，2001；蒋俊彦、吴迪，2011；毛捷等，2015）。

（2）社会因素。人口等社会因素会从不同方面、不同程度地影响政府规模的大小。一方面，人口规模的增加可通过规模经济效应降低地方政府提供公共服务的成本，有利于缩减地方政府规模；另一方面，人口规模的增加及年龄、种族、民族结构的变动可能强化居民对公共服务偏好的异质性进而影响政府支出政策导致地方政府规模变动（陈太明，2018；余锦亮、卢洪友、朱耘婵，2018）。另外，伴随着城市化进程的不断推进，人口大城市化率对地方政府规模的影响不容忽视（余华义，2015）。

（3）政治因素。影响政府规模的政治因素主要包括国家的政治制度、政党制度、政府预算决策过程，以及政府官员的个人行为等。联邦制国家省（州）政府通常具有宪法规定的相对独立的权利，在事权、财权上具有相对较大的权力。地方官员有强烈的动机追求预算最大化，往往导致政府支出的过度增长（Niskanen，1971），而民主制度中的"用手投票"（voting by hand）等权利会通过影响地方政府决策来限制地方政府规模的扩张。

（4）地理因素。地方政府间财政行为在空间具有明显的空间相关性（spatial dependence），使得地方政府规模间受到地理因素的影响。一般认为，地方政府比中央政府更了解管辖区选民的效用和需求，更适合为本地居民提供公共服务，选民可根据意愿选择最合意的辖区，满足其偏好的财政产品组合，本辖区政府为避免税基流失将与其他辖区的政府展开财政产品的竞争（Tiebout，1956）。进一步，在引入了"用手投票"的民主政治制度后，辖区内居民可以根据其他辖区的政府信息作为衡量本地区政府绩效的标准和参照，不同地区（特别是相邻地区）间的政府在制定财政政策时互为参考，这种"标尺竞争"（yardstick competition）有助于约束地方政府的行为（Besley and Case，1995）。另外，本辖区政府的财政政策对其他相邻辖区具有正（负）的外部性，能够改变相邻辖区的公共服务提供偏好进而影响地方政府规模（Wilson，1986）。

综上，考虑地方政府的财政规模依然受制于经济发展水平和经济实力，因此大多数研究并未重点考虑地域范围变量。不过，需要指出的是，根据地理学第一定律，空间距离越近的区域联系越紧密，这是本研究的出发点之一，在本研究中这一定理便反映在临近地区的地方政府规模之间存在较强互动关系。从而，地理因素为本研究重点考察的角度，也是本研究与其他研究的一个重要区别。

2.3 财政分权对地方政府规模的影响

作为国家政府权力纵向分布的核心问题，财政分权必然反作用于各级政府的职能调整，进而影响各级政府的经济行为。从这一意义上讲，财政分权可能引起地方政府规模的变动。然而，对于财政分权与政府规模的关系，国内外学者争议较多，莫衷一是。

2.3.1 国外研究进展

在国外研究方面，最早涉及财政分权与政府规模关系的研究可追溯到 1972 年奥茨（Oates）在《财政联邦制》中的表述：财政分权使地方政府的收入和支出联系更紧密，这减少了财政集权时对地方居民要求中央政府为地方项目买单的情况，因而财政分权会降低政府的财政支出规模。随后，公共选择学派代表人物布伦南和布坎南（Brennan and Buchanan，1977，1980）提出了"利维坦假说（leviathan hypothesis）"，成为探讨财政分权与政府规模间关系的著名理论。至此，学界对财政分权如何影响地方政府规模的研究便成为争议热点。

"利维坦假说"将政府描绘为一个为追求税收收入最大化而尽一切可能压榨辖区内公民的"怪兽"（leviathan），为限制和约束这一"怪兽"对课税权与其他财政工具的使用，财政分权便成为理想的财政结构。具体而言，政府对税收收入最大化的追求将引起公民跨辖区的自由流动，为避免税源流失，不同辖区政府将为争夺流动性的资源而展开税收竞争，竞相降低税收的局面使地方政府的规模得到自动遏制。布伦南和布坎南进而指出，"其他条件不变，随着财政支出分权和收入分权的深化，地方政府介入经济的程度（可理解为政府规模）将不断减小"。根据这一观点，如果其他条件不变，地方政府规模与财政分权程度呈反方向变化。

对于利维坦模型同蒂伯特模型结合得出的财政分权有利于控制政府规模的结论，曾得到经济学界的普遍认可。例如，斯坦（Stein，1999）更进一步阐述了分权对地方政府规模的约束作用。他认为，民主社会中的地方居民有机会和激励去监督与控制通过授权而获得财政自主权的地方政府，通过对地方官员行为的监督和控制来限制与避免地方政府的不必要支出及浪费，从而有效约束地方政府的支出规模。在实证方面，马洛等（Marlow et al.，1990）、埃代伊（Ehdaie，1994）分别使用美国州政府 1946～1985 年的时间序列数据和 30 个国家截面数据作样本，结果显示财政分权对地方政府规模产生了显著的约束作用，支持了财政分权对地方政府规模具有反方向变动的结论。

　　然而，文献中对于财政分权对政府规模的约束作用也受到多方质疑。其理由在于，财政分权可能使政府在行使同样职能时产生更高的花费，形成政府支出的规模经济损失。并且，在"用脚投票"机制下，因辖区内居民具有偏好的多样性，他们将凭借其对地方政府决策的影响力不断扩大地方政府职能，进而扩大地方政府规模（Wallis and Oates，1988）。值得注意的是，在支持财政分权推动政府规模扩张这一观点的部分学者中，曾在其早期的研究中对这一问题持相反观点。例如，奥茨（1972）通过使用57个国家的横截面数据作样本，发现政府规模（税收收入与国民收入之比）与财政集权（中央政府的税收收入与总税收之比）之间是显著负相关的，在控制收入水平对政府规模的影响后，政府规模与财政集权之间的关系仍然为负但不显著异于零，即财政分权与政府规模呈正相关关系。显然，这一实证结果否定了之前提出的财政分权会降低政府规模的假定。同样地，斯坦（Stein，1999）对20个拉美国家进行实证研究，指出财政分权对政府支出规模具有显著的扩张效应。比泾渭分明式的判断结果更进一步，金和邹（Jin and Zou，2002）将财政分权划分为财政支出分权与财政收入分权，通过对32个国家（17个工业化国家和15个发展中国家）1980～1994年的面板数据进行检验，结果显示无论是财政支出分权还是财政收入分权，均对地方政府规模具有显著正效应。具体而言，财政支出分权导致地方政府规模扩大和中央政府规模减小，因地方政府规模扩大的程度高于中央政府规则减少的程度，支出分权最终导致整体政府规模扩大。而财政收入分权虽然同样导致地方政府规模扩大和中央政府规模缩小，但财政收入分权使中央政府规模减小的程度高于地方政府规模增大的程度，最终导致整个政府规模减小。

　　另外，也有学者认为，财政分权与政府规模之间的关系无必然因果，或难以确定。作为进行了开创性经验分析的学者，奥茨（1985）分别使用美国 48 个州的地方政府截面数据及 43 个国家（18 个工业化国家、25 个发展中国家）的中央和州级政府横截面数据作样本，对"利维坦假说"进行了著名的计量检验。检验结果表明财政分权与地方政府规模并无显著关系，财政分权的增加不会必然导致政府规模的增加或减小，这一结论没有支持"利维坦假说"的成立；进一步地，罗登（Rodden，2003）更为明确地指出，财政分权对政府支出规模的影响在很大程度上取决于财政分权的特点，若地方政府更加依赖于公共池塘资源，财政分权将导致政府支出规模增加。反之，财政分权将会遏制政府支出规模膨胀。帕蒂等（Paty et al.，2010）使用欧洲 15 个国家面板数据，得出税收自主权提高了地方支出规模的结论。

如上面所述，国外学者在对政府规模和财政分权的理论特别是实证研究中，因样本数据及指标方法的差异得出了截然不同的论断，且文献中鲜有涉及中国政府规模与财政分权的情况。

2.3.2 国内研究进展

在国内研究方面，国内学界对于财政分权怎样影响地方政府规模的研究起步较晚，且研究主要集中在对中国地方政府规模情况的考察，较多研究认为利维坦假说在中国并不成立，财政分权与政府规模之间存在正向关系，即财政分权引起政府规模的扩张。

最早研究中国财政分权与政府规模关系的经济学家胡书东（2001）利用 1952~1997 年省际面板数据，以地方政府财政预算支出占全国预算总支出的比重作为财政分权指标进行了实证研究。结果显示，财政分权与政府规模呈显著正相关关系，并指出"即使 50 年间发生了剧烈的制度变迁，也没有改变这一事实"。在此之后，大部分学者利用中国省际面板数据，通过计量检验支持了中国财政分权将引起地方政府规模扩张的观点，当然有部分研究认为"利维坦"假说得到了中国省级政府层面的经验支持（庄玉乙、张光，2012；田红宇等，2015）。这些研究在原有成果的基础上有了较大的进步，归纳其分析的侧重点，主要包括以下几个方面。

（1）集中讨论"利维坦假说"在中国不适用的原因，归纳主要观点如下：首先，"用手投票"发挥作用有限。"利维坦假说"所提出的财政分权对地方政府规模的限制作用，其前提条件之一在于"用手投票"的实现。财政分权通过提高地方选民的政治参与度，使其行使政治选票即"用手投票"对政府支出规模的扩大形成约束。然而中国地方政府官员的产生需要经过比单纯选举更为成熟、科学的组织程序，会在一定程度上使地方政府产生"向上负责"的冲动，因而居民很难通过"用手投票"机制约束地方政府规模的扩张（苏晓红、王文剑，2008；孔刘柳、谢乔昕，2010）。

其次，财政分权促使地方政府为争取税源开展税收竞争，竞相减税可以遏制地方政府规模的膨胀。然而，中国长期以来实行的户籍制度和城乡区别对待的政策使劳动力、人口、资本要素流动受限，地方政府间的竞争强度不够，往往为保护本地经济利益而采用行政手段实行地方保护主义。

再次，地方财政压力使然。1994年分税制改革后地方政府承受了比分税制改革前更大的财政压力，加之当时转移支付不完善，迫使地方政府扩张地方政府规模弥补财政收支缺口。一方面，存在地方政府为获转移支付扭曲本地区的财政收支信息的"粘蝇纸效应"（苏晓红、王文剑，2008）；另一方面，由于1994年省及省以下税务机构分设为国税局和地税局，地方政府只能依靠发展本地区经济，通过吸引税源、提高本地税源的纳税能力来扩大自身收入能力，增加公共支出、改善支出结构和制定相关的经济政策越来越成为吸引流动性税源的重要手段。其中，在税收方面，我国地方政府在减免税优惠政策方面具有一定的事实权力，且税收竞争行为较为隐性，隐性的税收竞争必然对政府财政规模的扩张构成约束。在支出方面，地方政府有激励投资于基础设施等公共产品，通过打造"硬环境"形成吸引外资的区位优势（傅勇和张晏，2007），公共品投入竞争显著地推动了地方政府规模的扩大，而地方政府支出竞争进一步推动了预算外收入膨胀。

此外，也有学者从构建最优地方政府支出规模的理论模型，探寻财政分权和政府组织结构对地方政府支出规模的影响机理。郭庆旺、贾俊雪（2010）构建了最优地方政府支出规模的理论模型，其计量结果显示，纵向政府级次减少和辖区政府数量增加对县级地方政府支出规模均具有显著负效应，"撤乡并镇"改革对县级地方政府支出规模具有显著的滞后负效应。财政分权特别是财政收入权对县级地方政府支出规模的影响在一定程度上与政府组织结构有关。

（2）考虑中国不同地区间存在巨大差异，财政分权对地方政府规模的影响可能存在地区差别效应。更为明确地，李婉（2008）采用1949～2004面板数据进行计量分析，具体指出"越是经济比较落后的地区，支出分配对地方财政规模的扩张作用越大。越是经济比较发达的地区，收入和支出的一致越能对地方财政规模的降低起良好的促进作用"。在已有文献的基础上，孙群力（2009）指出了财政支出分权对各地区政府规模的影响显著为正，但存在差异。分税制改革前，无论是财政支出的总量分权还是人均分权，都是对西部地区政府规模的影响最大，中部次之，对东部地区政府规模的影响最小；分税制改革后，财政支出分权的总量指标对东部地区的政府规模影响最大，对西部地区影响最小。与孙群力（2009）的结论有所不同，孔刘柳和谢乔昕（2010）通过对不同地区财政分权对地方政府规模的影响进行实证考察，指出财政分权在东部地区对地方政府规模具有一定的相对约束作用，而在中部、西部地区则对地方政府规模产生了正向影响。他们认为，由于中国不同地区在资源禀赋、财政状况、经济环境、纵向财政平衡状况及政府考核指标等方面存在巨大差异，财政分权对不同地区的政府规模扩张的动因存在差异效应。

然而，需要指出的是，虽然这些研究证实了财政分权在地方政府规模影响方面存在着地区差异，但均未对检验结果或差异产生的原因进行解释。随后，孔刘柳和谢乔昕（2011）对研究加以推进，指出财政分权对东部地区的政府规模扩大存在限制作用，而对西部地区则存在推动作用，对中部政府规模扩张虽然也存在推动作用，但并不显著。

（3）财政分权对政府规模的扩张影响中，将其对政府支出的影响进行划分。孙琳和潘春阳（2008）在考察财政分权对政府规模的影响中，考虑了地方政府的支出结构，主要选取基本建设支出占当地 GDP 的比重衡量基本建设规模，科教文卫支出占当地 GDP 的比重衡量公共服务规模，行政管理费用支出占当地 GDP 的比重衡量政府自身消费规模，通过实证检验得出财政分权推动了地方政府规模扩大这一结论基础上，进一步指出"财政分权对经济建设规模的推动力最大，对公共服务规模的作用次之，而对政府自身消费的推动力最小"。与他们的结论类似，王文剑（2010）在实证研究中，将地方政府支出结构分为三部分，一为行政管理类支出；二为挖潜改造、科技发展、支援农村生产建设和文教科学卫生事业等方面的支出；三为生产性基础设施建设。研究结论认为，在当前的财政分权体制下，地方政府在财政竞争的压力下，更加积极地开展财政支出竞争，特别是注重扩大生产性基础设施方面的财政支出规模。

另外，也有学者将财政分权对地方政府规模的关系分析，扩展至对中央政府规模，以及全国政府规模的研究。孙群力（2008）采用中国 1978～2003 年省际面板数据及全国的时间序列数据，检验了中国的财政分权与地方政府规模、中央政府规模，以及全国政府规模的关系。他指出，财政支出分权扩大了地方政府规模，而收入分权缩小了地方政府规模。具体讲，支出分权使地方政府规模增大的程度要大于收入分权使地方政府规模减小的程度，最终导致地方政府规模的扩大；并指出，采用多种财政分权指标的分析表明，财政分权缩小了全国政府和中央政府的规模。国内有关财政分权与政府规模的主要文献如表 2-2 所示。

表 2-2　　　　　　财政分权与政府规模的国内主要文献一览

年份	作者	样本	指标	数据及方法	结论
2001	胡书东	1952～1985年不分省	政府规模：财政预算内外收入/GDP 分权：地方政府财政预算支出/全国财政预算总支出	时间序列数据最小二乘法	正相关
2008	孙群力	1978～2003年28个省份	地方政府规模：地方政府财政预算内外支出/GDP 分权：支出分权；收入分权；预算内外支出分权；预算内外收入分权；预算内收支加权分权指标；预算内外收支加权分权指标；纵向不平衡指标	面板数据GLS方法；最小二乘法	正相关（支出分权）；负相关（收入分权）
2008	苏晓红、王文剑	1995～2003年28个省份	地方政府规模：省财政预算内外支出/GDP 分权：地方政府预算内外支出/中央和地方预算内外支出	面板数据最小二乘法	正相关
2009	孙群力	1978～2004年28个省份	地方政府规模：政府预算内财政支出/GDP 分权：总量支出分权指标（地方预算内财政支出/全国预算内财政支出）；人均支出分权指标（地方预算内人均财政支出/全国预算内人均财政支出）	面板数据最小二乘法	正相关
2009	孙琳、潘春阳	1997～2007年30个省份	地方政府：地方预算内外财政支出/GDP 分权：各省预算人均财政收入/中央预算内财政收入	面板数据最小二乘法	正相关
2010	郭庆旺、贾俊雪	1997～2005年县级	地方政府规模：县级地方政府财政支出/GDP 分权：人均县级财政收入（支出）/[人均县级财政收入（支出）+人均中央财政收入（支出）+人均省份本级财政收入（支出）+人均地市本级财政收入（支出）]；人均县级财政收入（支出）/[人均县级财政收入（支出）+人均中央财政收入（支出）+人均省份本级财政收入（支出）]	面板数据最小二乘法	正相关（支出分权）；负相关（收入分权）

续表

年份	作者	样本	指标	数据及方法	结论
2010	孔刘柳、谢乔昕	1996～2007年29个省份	地方政府规模：地方财政收入/GDP 分权：地方预算内收入/（地方预算内收入＋中央预算内收入）	面板数据最小二乘法	正相关（东部）负相关（中西部）
2010	王文剑	1996～2005年30个省份	地方政府规模：地方预算内外支出之和/GDP 分权：财政收入分权（地方自有收入/全国总收入；地方自有收入/地方总收入；人均地方自有收入/人均中央收入）；财政支出分权（预算内外内政支出之和/全国总财政支出；预算内外人均支出/中央预算内外人均支出；扣除来自中央的净转移支付的预算内外人均支出/中央预算内外人均支出）	面板数据最小二乘法	正相关
2012	郭庆旺、贾俊雪	1986～2006年29个省份	地方政府规模：省级财政支出 分权：省份人均预算内支出/（省份人均预算内支出＋人均中央预算内支出）；省份人均预算内收入/（省份人均预算内收入＋人均中央预算内收入）	面板数据空间计量方法	正相关（支出分权）；负相关（收入分权）
2013	彭锻炼	1995～2009年30个省份	地方政府规模：预算内财政支出/GDP；预算内外支出之和/GDP 分权：地方预算内财政支出（收入）/中央预算内财政支出（收入）；地方预算内外支出（收入）之和/中央预算内外支出（收入）之和	面板数据系统广义矩估计方法	正相关（支出分权）；负相关（收入分权）
2015	田红宇、严宏、祝志勇	1997～2012年31个省份	地方政府规模：（地方本级预算内外财政收入＋中央财政转移支付）/GDP 分权：地方政府人均财政支出/（地方政府人均财政支出＋中央人均财政支出）；地方转移支出收入/地方本级财政支出	面板数据空间计量方法	负相关
2020	张亚斌、阙薇	1986～2006年29个省份	地方政府规模：地方政府人均一般预算支出/地方政府人均GDP 分权：［地方政府人均一般预算支出（收入）/全国人均一般预算支出（收入）］×［地方财政净支出（收入）/地方财政总支出（收入）］	面板数据广义矩估计方法	负相关（收入分权）；非线性（支出分权）

从对上述国内学者的研究成果梳理中不难发现，在财政分权与政府规模关系的研究中，对政府规模指标及财政分权指标的刻画不断丰富演进，但实证方法略显单一，导致得出的结论稍显薄弱。

2.4　地方政府规模的空间相关影响

从前面对财政分权与地方政府规模关系研究的梳理中可以发现，财政分权与地方政府规模的相关性探讨，主要从"征税的权力：财政立宪的分析基础"（Brennan and Buchanan，1980）和"寻找利维坦：一个实证检验"（Oates，1985）这两种持相反观点的研究基础上发展而来。而研究中提及的大部分文献，均从地方政府间支出的相互影响角度即空间相关性探讨财政分权对地方政府规模的影响。

2.4.1　国外研究进展

最早涉及地方政府间相互影响的研究可追溯至蒂布特（Tiebout，1956）在其著作《一个关于地方支出的纯理论》中的"用脚投票"机制，又称蒂伯特模型（tiebout model）。在蒂伯特模型中，地方政府提供差异化的"公共产品（服务）—税收"组合，人们可根据自己的偏好通过"用脚投票"自由流动，选择令他们最满意的辖区居住。为了避免因人口流出造成的税基缩减，地方政府间将展开公共服务和税收的竞争。因为居民考虑选择辖区居民的关键因素之一是辖区提供的服务及税收水平，如果辖区政府试图吸引更多的居民流入，就必须提供具有吸引力的公共服务和税收水平，由于居民的偏好不同，辖区之间可以采取差异化的财政产品提供在这个模型中，公共产品能够像市场中的私人产品一样，由不同的辖区政府向居民提供并为争夺辖区人口展开竞争，在均衡的理想状态下，居民通过"用脚投票"以给辖区政府带来硬约束，并且各辖区之间存在差异化的财政支出规模和结构。虽然蒂伯特模型依赖着较为苛刻的假设条件，但这种地方政府在财政产品上的相互竞争揭示了地方政府间支出的相互影响，此后的研究也将其称之为地方政府间策略性互动（strategic interaction）。对各个地方政府而言，其最直接的策略行动即为收支等财政行为，因而研究地方政府间影响的理论大多集中在政府间的横向财政竞争。

地方政府的横向财政竞争，是指地方政府为争取更多的稀缺资源流入本辖区以实现本辖区利益最大化，与其他同级政府间展开的税收和公共支出等手段的竞争。在这种标准的财政竞争框架下，传统公共经济学派认为对于以公共福利最大化为目标的地方政府而言，过度激化的政府竞争在纳什均衡下将使地方政府采取"扑向底层的竞争"（race to the bottom）这一策略，导致无效的低税率和公共支出水平（Wilson and Wildasin，2004）。在资本流动、劳动力不流动的条件下，同质的辖区间会围绕资本税展开价格竞争使各辖区税收水平降低，并且生产性公共支出具有吸引资本的负外部性，可能导致政府更注重经济性支出，而忽视与不流动性人口相关的福利性支出。实际上，地方政府是有"竞争性"的（Breton，1996），各地方政府为了本辖区利益最大化，会与其他提供公共服务的机构即其他辖区政府展开竞争。学者们已将完全竞争和不完全竞争模型运用到政府间关系研究中，启发了大量关于财政竞争进而对政府间相互影响关系的研究。

在蒂伯特模型基础上，学者们尝试将产业组织理论、博弈论、信息经济学理论的原理和模型运用到政府关系的研究中，部分研究引入政治体制建立了标尺竞争模型。标尺竞争是指在有多个代理人的"委托—代理"关系中，委托人可以通过其他代理人的表现做为衡量每个代理人表现的标尺，可对代理人产生激励，促使他们展开竞争以提高效率（Baiman and Demski，1980）。在满足一定的假设前提下，标尺竞争能够有效解决委托人和代理人之间的信息不对称问题。在此基础上，施莱弗（Shleifer，1985）明确提出了标尺竞争这一概念并将其应用于政府管理领域，他指出以福利最大化为目标的政府可以运用标尺竞争的思想对企业进行规制来促进企业间的竞争，避免由于政府与企业之间的信息不对称导致目标偏差。在新政治经济学领域中，贝斯利等（Besley et al.，1995）将标尺竞争这一思想引入分权框架下，从公共选择学派的角度解释政府间的竞争：选民与地方政府同样可置于存在不对称信息的"委托—代理"关系中，选民作为委托人并不了解辖区政府为其提供公共服务的真实成本，而自利性的官员可以利用私人信息从事机会主义行为，获取政治租金。然而选民可以通过其他辖区（特别是相邻辖区）政府的相对表现来判断本辖区官员的绩效。在信息具有外溢性的条件下，理性的官员为争取选民的投票赢得竞选，就会考虑将相邻辖区政府的税率及支出水平作为参照。进一步地，任期限制也将导致地方政府间的比较和模仿，形成政策趋同现象。显然，标尺竞争在民主选举和任期制等条件下，有助于改进地方政府的绩效并限制这些地方政府规模的扩张。由于标尺竞争的存在，本辖区的政府官员会非常重视其他辖区（特别是周边辖区）政府的行为表现，如果某个地方政府试图调整其税率或支出政策，则必然受制于其他地方政府的税收或者支出政策。地方政府之间因为一些可流动的资源进行模仿或竞争成为地方政府间公共支出相互影响的一个解释。其后的很多文献都沿着标尺竞争机制展开对地方政府规模的空间相关性研究。

财政政策外溢效应机制（spillover effect mechanism）也是地区间政府规模空间相关性的重要研究。地方政府提供的公共产品存在的外溢效应会影响其他地方政府的财政政策偏好，如某个地区的优质医疗资源会对周边地区的就医状况带来正外部性，并且地方政府的财政政策会引起地区间要素的流动进而改变其税基。最早考察地区间公共产品外溢效应的研究，通常假定每个地区的经济规模相对于整个经济而言很小，因而无法通过改变税率影响资本的净回报，而后续的一些研究则开始关注非同质地区博弈问题，由于资本在地区间的流动会使地区间资本的税后回报趋于相同，因此资本在地区间的配置不仅取决于本地税率和公共基础设施，还会受到周边其他地区财政政策的影响（Wilson，1986）。

发展中国家的地方政府规模空间相关性也是近年来学者们关注的重点。一般认为，发展中国家的分权化改革使地方政府具有一定的财政自主权，进而产生税收竞争、标尺竞争等财政互动（Arze del Granado et al.，2008；Caldeira et al.，2015）。

在实证研究上，学者们已意识到如果忽视经济体间的空间相关性可能导致对经济变量的推断产生误差，更侧重于运用空间计量经济学的方法对政府间影响的存在性和程度等问题进行检验。对于地方政府间规模的相互影响，主要用辖区外溢效应来度量。地方政府的财政政策对其他辖区而言具有外部性，因而也会通过改变其他辖区政府的政策偏好而影响其政府规模。凯斯等（Case et al.，1993）最早采用空间计量方法对美国州政府支出和经过加权的其他竞争州政府支出之间的策略性行为进行检验并衡量溢出效应的程度，结果显示，当地政府的支出水平和它相邻政府的支出水平是呈正相关的，其他竞争州每增加 1 美元的支出，则本州政府的支出增加 70 美分。以此为出发点，巴克（Baicker，2005）将地方性因素的影响与外部性的影响相分离，对美国相邻州政府支出的溢出效应（interstate spillovers）进行了重估，并指出公共支出的溢出效应在人口流动较强的地区之间更为明显，结果显示州政府每增加 1 美元支出将导致邻州政府约增加 90 美分的支出。此后的研究（Elhorst and Freret，2009；Crowley and Sobel，2011）更多地运用空间计量方法拓展和丰富此领域的研究，并促进了空间计量方法的不断改进和完善。

2.4.2　国内研究进展

如上面所述，国外大量文献对于地方政府规模间的空间相关性给出了一些理论解释，主要包括财政竞争理论、标尺竞争理论，以及财政政策外溢效应机制，并开始侧重运用空间计量方法进行实证研究。相比这些理论所面对的成熟市场经济，中国经济的部分特点可能影响相关理论在中国的适用性。国内学者结合中国实际情况对相关理论加以补充和丰富，拓展了对财政分权与地方政府规模的研究。

在财政竞争理论方面，对地方财政竞争内涵的理解较为一致，认为是地方政府间为实现本地区经济发展等目标，运用税收和公共支出等财政手段来影响本辖区的政策环境，进而争取更多财政资源的行为（钟晓敏，2004），其表现形式主要是公共支出竞争和税收竞争。并且，中国地方政府都共同占有着资源而形成"兄弟关系"，并各自具有特殊的利益追求。他们在资源和产品市场，以及在中央政府投资方向上，像众多国有企业一样展开着"兄弟竞争"（樊纲、张曙光，1990），并且这种竞争对宏观经济政策和地区经济发展产生了明显的影响（周业安，2003）。在高度集中的计划经济时期，中央掌握整个社会的绝大部分资源，地方政府在没有资源控制权和生产决策权的情况下，其利益独立性十分有限并对财政手段不甚敏感，此时地方政府之间的竞争更多表现为"兄弟竞争"。改革开放以后，随着财政分权及其他方面改革的不断深入，使中国地方政府间形成了"为增长而竞争"的态势，不少学者强调了分权对于地方政府支出规模的影响及可能产生的结构扭曲，如投资过度、重复建设及忽视民生支出，其中地方政府间的财政竞争是不容忽视的重要因素。

蒂伯特模型中的"用脚投票"机制部分地解释了由地方政府竞争形成的地方政府规模相互影响的现象与行为，然而中国人口的自由流动受户籍制影响，且城乡迁移和地区迁移的主要诱因并非财政政策的差异性，因而蒂伯特模型并非完全适用于中国地方政府规模相互影响的解释。主流观点认为，除了降低税负以外，增加生产性基础设施建设等公共支出、改善支出结构和制定相关的经济政策也是地方政府为吸引流动性税源展开的财政竞争手段。在减税和增支同时展开的财政竞争过程中，可能造成"扑向底层的竞争"的局面，然而，在存在中央大量转移支付情况下，支出规模扩张的效应将更加显著（王文剑，2010）。

在标尺竞争理论方面，选民对官员连任的投票权是前提条件之一，单一制政治体制的国家并不存在基于居民选举监督的"自下而上"（upward）的标尺竞争，但可能存在基于上级政府评价的"自上而下"（downward）的标尺竞争（张晏、夏纪军、张文瑾，2010）。在这种标尺竞争下，地方政府之间将会以相邻区域的经济增长水平或其他相关考核标准为标尺调整自己的财政行为，地理上相邻或级别相同的省份之间会出现生产性支出行为的模仿和增长趋同的现象及地方财政支出结构扭曲的问题，导致地方政府支出的外溢性。

在地方财政规模相互影响的空间计量实证检验方面，国内对地方政府公共支出总量和分类别支出竞争的研究起步较晚，主要对中国地方财政支出的空间外部性、地方政府间支出竞争及外溢性进行实证检验。邵军（2007）的研究结论显示，中国地方政府公共总量支出及建设支出存在显著竞争效应，而教育支出缺乏显著竞争。李永友和沈坤荣（2008）采用最大似然估计和广义空间两阶段最小二乘法（GS2SLS），认为我国财政总支出中的经济建设支出、文教卫生支出、社会保障支出在不同时期显示出了不同策略互动关系。李涛和周业安（2009）的系统 GMM 研究结果显示，各省人均支出总量和行政费用支出的竞争表现为空间溢出，而基建支出、教科文卫支出等表现为策略模仿。尹恒和徐琰超（2011）用广义空间两阶段最小二乘法（GS2SLS）方法考察了中国地市级政府间基本建设公共支出的溢出效应和竞争效应存在的证据，认为地市级基本建设支出的正外部性使相邻地区基本建设支出呈间负相关；由于中国特有的地方官员激励结构，地区间经济增长的竞争会导致基本建设公共支出呈正相关。郭庆旺、贾俊雪（2012）采用空间广义矩估计（spatial GMM）考察了中国地方政府在财政支出方面的策略互动行为，研究认为中国地方政府在财政总支出及各类支出项目方面总体上存在显著的策略互动行为，财政竞争机制在我国地方政府规模和结构演变中发挥了重要作用，其中维持性支出表现为替代性策略模式，其他支出表现为互补性策略模式。田红宇等（2015）对中国省级面板数据进行空间计量检验，认为中国财政分权和地方政府规模表现出较强的空间集聚效应，并有不断增强的趋势。总体来看，研究方法的演进推进了我国地方政府规模空间相关研究的深入，也证明了我国省际政府间确实存在财政支出及类别的相互影响。

2.5 小结

本章对财政分权与地方政府规模的关系的相关研究进行了系统梳理和归纳。在此基础上将地方政府规模定义为省级财政预算内支出占GDP的比重，将省级财政分权定义为人均各省财政支出占人均总财政支出的比例，将省内财政分权定义为省以下财政支出占各省财政支出的比例。

在地方政府规模的影响因素中，除了一般经济、社会、政治因素以外，财政分权及地方政府规模的空间相关性是研究财政分权对地方政府规模影响的重要视角。

　　在实证研究方法上，采用空间计量分析方法将逐渐成为本领域研究的趋势。无论国内相关研究在结论上存在怎样的相同与相悖，忽视空间影响的实证研究将存在局限性，本研究将试图在前人研究基础上进行较为规范和系统的空间分析。

第3章

财政分权与地方政府规模的
理论分析框架

　　尽管关于财政分权对地方政府规模的影响存在争议，但通过财政分权及空间相关性形成的政府间支出的相互影响始终是研究财政分权对地方政府规模影响的重要视角。一般来讲，分权比集权能更好地满足地方偏好，因为地方政府比中央政府更具信息优势（如居民偏好、公共产品提供成本等），同时财政分权能够促进地方政府竞争并有助于公民政治参与，进而增进公共品的提供效率，并限制地方政府行为，遏制地方政府规模；当然也可能产生相反的情形，即正是由于财政分权提高了公共品供给效率，若公共产品具有较大规模效应，则导致公共产品的需求增加，进而引起地方政府规模扩张。特别地，若地方政府更加依赖"公共池资源"（common pool resource），如转移支付等弥补纵向财政不平衡问题，则财政分权引发的财政竞争进而对地方政府行为的激励和约束作用将会出现偏离，从而导致地方政府规模膨胀。

更进一步讲，地方竞争中的"蒂伯特模型"等财政竞争及"标尺竞争"的"同侪压力"使地方政府间在比较中调整支出策略，往往政府规模在不同问责机制和税收控制权的背景下呈现扩张或缩小趋势。本章分别对上述相关理论进行了较为系统地梳理。

3.1　蒂伯特模型

严格意义上讲，财政分权与地方政府规模的理论最早可追溯至蒂伯特（Tiebout，1956）在其著作《一个关于地方支出的纯理论》中的蒂伯特模型（tiebout model），又可表述为"用脚投票"理论。此后的相关理论围绕地方政府间财政竞争与标尺竞争及财政支出的外溢性展开。

蒂伯特模型主要研究了地方政府面对自由流动人口情况下的被动竞争。在这个模型中，地方政府提供差异化的"公共产品（服务）—税收"组合，人们可根据自己的偏好自由流动，选择令他们最满意的辖区居住。正如人们在市场上购买私人产品一样，他们通过选择合意的居住地区来满足其对公共产品（服务）的需要，并向当地政府支付为提供这一公共物品（服务）所需的税收。一般地，当人们认为所居住的辖区不能满足其对公共产品（服务）服务的需求或发现其他辖区能更好地满足自身的偏好时，人们就会流动到并居住在新的辖区，当人们不再流动时，人们基于自身的偏好分布在不同的辖区，每个辖区中的每个居民均得到了需要的公共产品（服务）水平，实现帕累托最优。因此，"用脚投票"提供了一个解决地方公共产品问题的准市场方法，公共产品可以像私人产品一样，由不同的辖区政府提供并展开竞争，居民通过迁入或迁出的"用脚投票"行为来促进地方政府间的竞争。按此分析，在提供公共产品的准市场过程中，各辖区政府形成了差异化的财政支出规模和结构。

　　作为地方公共产品的完全竞争市场理论，蒂伯特模型被国内外学者广泛运用到地方政府竞争的研究中。当然，这种理想的地方竞争机制要依赖极为苛刻的前提假设，具体包括以下几个方面：（1）人们能够充分地流动。每个选民都能毫无代价地迁移到最能满足其偏好的辖区。（2）人们对每个辖区的征税情况和公共产品提供情况有完全的信息。（3）存在足够多的辖区供人们选择和居住。（4）不考虑就业机会产生的限制和约束，假设所有人以股利收益为生。（5）辖区间对公共产品（服务）的提供不存在负外部性或正外部性。（6）对于每个既定的辖区服务模式，存在一个最优的辖区规模，这个最优规模被定义为能使组合以最小平均成本提供所达到的居民数量。（7）未达到假设（6）中的最优规模的社区，试图吸引居民到辖区，以降低平均成本；那些超出了最优规模的社区，其做法正相反；而那些处于最优规模的社区则力图保持其辖区人口数量不变（Tiebout，1956）。这些假设难以描述现实情况，如"人们能够充分地流动""存在足够多的辖区供人们选择"等假设与实际情况有很大差异。但是，蒂伯特模型揭示辖区居民的自由流动对地方政府的限制作用。对于地方公共产品而言，决定有效率水平的机制可以不是通过投票选举，而是辖区间的"用脚投票"。在此机制下，地方政府通过多样化基础设施服务水平的竞争可减少财政支出造成的资源浪费（Justman，Thisse and Ypersele，2002），多样化的公共产品不仅不会引起其他辖区的模仿，反而促进其他地方政府提高其基础设施多样化水平。

　　从本质上讲，蒂伯特模型中描绘的财政竞争，是各地方政府根据辖区居民的偏好相应提供公共服务与税收的财政产品组合，其关键之处在于人口的充分流动，成为之后大部分财政分权与地方竞争研究中的基石。例如，奥茨（Oates，1972）将蒂伯特模型拓展到地方政府争取流动性厂商的竞争，并指出不同地方政府为获取流动性的资本，很可能争相降低税收以吸引投资，而过度激化的财政竞争可能导致地方采取"扑向底层的竞争"的策略，导致无效水平的政府支出规模。后续的研究从不同方面放宽了原有的假设，更多集中讨论地方政府对流动性资本等资源的竞争，极大丰富了财政竞争理论。

3.2　财政竞争理论

财政竞争可理解为政府间为争取有价值的稀缺资源或避免一种特别成本进行的财政竞赛。按此含义，蒂伯特模型描绘的财政竞争是由于人员和资本等在地区间的自由流动，使单个地方政府的财政行为受到约束，形成"被动的财政竞争"。在分权化的财政体制下，地方政府为维护自身经济利益，通过税收减免优惠和财政补贴、提高公共服务水平等财政手段吸引企业和人才等流动性较强的经济要素的努力，可称为"主动的财政竞争"。这种地方政府在财政产品上的相互竞争揭示了地方政府间支出的相互影响，对于各个地方政府而言，研究地方政府间影响的理论大多集中在政府间的税收竞争和公共资本支出竞争。

在税收竞争模型方面，标准税收竞争模型吸收了蒂伯特（1956）和奥茨（1972）的财政竞争思想，较为著名的开创性研究当属佐德罗和梅伊兹科夫斯基（Zodrow and Mieszkowski，1986）的 Zodrow-Mieszkowski 模型（以下简称 Z-M 模型）及威尔逊（Wilson，1986）的研究。他们的模型基本类似，包含如下假设条件：（1）经济中存在大量的同质（identical）辖区。（2）整个经济中包含资本和劳动两种要素。其中资本总量是固定的，可以在辖区间自由流动。劳动由本地居非弹性供给，不能流动。（3）每个辖区只生产一种商品，且只有资本进入生产函数。（4）各地方政府是财政自治的，税收全部来自对资本的"一次总付税"（lump-sum tax），并仅用于提供本地公共产品。（5）公共产品不存在外部效应，仅由本地居民受益。（6）地方政府以本辖区居民福利最大化为目标；等等。在上述前提下，各辖区政府为实现本地居民福利最大化的目标将积极参与对流动性资本的竞争，随着辖区间政府竞争程度的越发激烈，流动性的资本对税率的变动更为敏感，而在辖区数量足够多的情况下，每个辖区均无法影响资本的税后回报，各辖区的资本供给具有完全弹性，只要提高税率就会导致资本外流，进而降低当地工资水平和土地租金，因而税收竞争将导致地方公共产品供给的不足。布克维斯基和威尔逊（Bucovetsky and Wilson，1991）扩展了模型假设，加入允许地方政府利用劳动收入征税、劳动供给弹性有限的条件，为了减少对资本收入税的依赖，对流动性资本的征税将转移到土地、劳动等非流动的生产要素上，那么即使对资本征税过低也不一定会产生不足的公共产品的供给，可能会形成对其他商品和要素的过度征税。在此之后的税收竞争非均衡合作模型仍然存在对资本课税较低且结果最终为低效率的公共产品供给的结论。

上述标准（经典）税收竞争模型中假定各大量辖区的同质性，若放开这一条件则税收竞争可能得到不同的结果，公共产品提供水平和税率将随竞争地区数量减少而增加，规模大小不同的辖区间税收竞争导致的公共产品提供水平也会略有不同，因为规模大的地区对资本需求量相对更大，在提高税率引起资本外流情况下，其人均资本下降幅度却相对较小，因而对降低税率以吸引资本的竞争手段与规模小的辖区相比并不十分热衷，最终使得辖区大的地方政府税率较高，从而刺激了公共产品的提供。

值得注意的是，税收竞争模型指出了各辖区政府为争取流动性资本展开税收竞争，往往导致地方政府将公共服务降低到最优水平以下，即政府规模处于无效率的低水平状态。然而，流动性的资本容易流入提供优质公共产品的辖区，如辖区具备良好的基础设施、稳定的社会投资环境、健全的法律制度等，因而各辖区政府会展开公共资本支出的竞争。并且，地方政府官员更有动力进行公共资本投资，这是因为公共资本投资有助于为本辖区吸引到具有流动性的熟练劳动力而产生集聚效应，并对资本效率产生正效应，使辖区获取更高的税基，因此公共资本投资和税收收入之间的正相关关系被强化。地方官员在资本可自由流动的条件下会陷入激烈的支出竞争中，这种福利性质的支出竞争可能并不会导致地方政府公共品提供的不足，因为地方政府具有的内在冲动和巨大的财政能力使他们通常会产生过度的公共品支出。当然辖区间的这种竞争可能会带来破坏性，不仅各个辖区的公共资本支出太多，并且太多数量的辖区都会选择投资，这种竞争随着辖区间要素流动性的提高而更加激烈，甚至辖区间为吸引流动性要素的竞争会耗尽公共投资产生的租金，也可能导致生产性基础设施提供的过量和生活性基础设施提供的不足。因而，基于公共资本支出的竞争容易导致地方政府把过多的支出用于生产性投资而忽视了地方对其他公共品的提供。

3.3　标尺竞争理论

标尺竞争主要强调委托人通过比较不同代理人间的相对绩效以解决"委托—代理"关系中的信息不对称问题，从而激励不同代理人间的竞争以提高效率降低成本。标尺竞争理论在契约理论、规制经济学、新政治经济学等领域中得到广泛应用和拓展。具体到政府部门，选民和地方政府间也存在信息不对称问题，同质可比程度较高的其他地方政府的存在，可以解决选民因信息弱势面临的委托代理困境。在标尺竞争框架内对地方政府间策略性行为的讨论不断增多。

具体来说，标尺竞争理论在蒂伯特模型基础上引入了政治体制。该理论隐含了至少三个主要假设条件：（1）辖区居民与当地政府存在信息不对称的情况。地方政府比辖区居民更了解提供公共产品的成本。（2）辖区居民仅能通过手中的选票限制地方政府的政策行为。（3）辖区居民依靠其他辖区政府，尤其是相邻辖区政府的绩效判断本地政府的相对表现。在这样的前提条件下，标尺竞争主要强调由于地方政府的财政行为存在着信息外溢性，即使居民不清楚提供公共产品的实际成本，也可以将来自其他辖区的政府信息（如税率、公共服务水平等）作为衡量本地区政府绩效的标准和参照，从而产生了标尺效应，这使得本地区政府在制定财政政策时，不得不考虑其他地区政府特别是相邻地区政府的政策与行为，如地方官员为了获得选民支持会把税率调到至少同他其辖区一样，因而标尺竞争有助于约束地方政府的行为，这种地区间相互影响可避免地方政府规模膨胀和结构扭曲。更准确地讲，标尺竞争主要强调信息外溢在"用手投票"的民主政治制度下，对当地政府施加的选举压力会促进地方政府间的比较和模仿。

标尺竞争理论最早应用于联邦制国家中，其省（州）政府问责于选民，在与选民构成"委托—代理"关系中，其竞争动力来源于辖区内居民的选票而非中央政府，因而标尺竞争是"自下而上"的，并且，由于地方政府通常具备"宪法"规定的相对独立的权利，在事权和财权上具有相对较大的自主权，因而能提供符合居民偏好的财政产品。这种情况类似于同侪压力①，即单个地方政府的支出政策易受到群体地方政府支出

---

① 同侪压力，通常作为心理学中的术语，也可被称作朋辈压力，指同辈朋友（如年龄相仿、身份相近、所处环境相似等）间在相互比较中产生的心理压力，这种压力可以表现为每个同辈人因害怕被其他同辈排挤而放弃自我顺应他人，以及在掌握了周围其他同辈人状态或行为信息后，便展开对他们的学习和模仿甚至是攀比。一般来讲，任何团体中的同辈压力很难避免，特别是对于处于发展阶段的青少年群体而言，这种同辈压力更为严重。个体行为受到群体行为的影响，而无论这种行为是否出于本意（甚至是被迫的），最终将表现出群体行为的趋同，这种从众心理既可能产生负面影响，如看到同辈们大笔花销，自己也会铺张浪费等，也可能发挥积极作用，如看到同辈们勤奋上进，自己也将努力进步等。

政策的影响，而无论这种政策行为是否出于本意，最终将表现出群体行为的趋同。

同侪压力在单一制国家中也普遍存在。中央政府的垂直管理及上级政府对下级政府的权威会对地方官员产生实际的问责。上级政府虽然对地方政府官员的努力程度和地方经济特征缺乏完全信息，但可以根据相近相似地方政府的绩效表现对地方政府官员的能力和努力进行评判，作出晋升任免的决策。上级政府的考核标准（如经济增长等绩效）与下级政府官员的晋升有着密切的关系，因而单一制国家的地方政府同联邦制国家的地方政府一样存在着基于政治生涯考量而发展本地经济的强大激励。正如前面中财政竞争理论描述的那样，对于地方官员而言，有限任期内刺激经济增长的直接有效手段往往是通过增加基础设施等公共支出以改善投资环境，吸引资本密集型和劳动密集型企业流入本地区。因而标尺省份的财政支出规模及结构会通过自上而下的标尺竞争在其他省份间相互影响。

3.4 财政溢出效应

财政政策外溢效应机制刻画了地方政府提供的公共产品存在的外溢效应会影响其他地方政府的财政政策偏好。联邦制度下的政府独立决定税种、税率及公共物品供给的类型。不可避免地，作为一种经济活动，一个仅仅考虑本地居民利益的地方政府所进行的税收收入与财政支出决策，可能为非本地居民创造出多种方式的外部性，此为财政溢出效应的来源。更进一步讲，由于资本在地区间的流动会使地区间资本的税后回报趋于相同，因此资本在地区间的配置不仅取决于本地税率和公共基础设施，还会受到周边其他地区财政政策的影响。

财政溢出效应的存在，可能对分散的政府决策方式的优势（如了解居民需求从而更好地反映其偏好、政策的多样性允许居民向最符合其喜好的社区迁移，以及社区竞争可能带来更高的效率和创新等）造成影响，因为本地政府容易忽视其决策对非本地居民效用水平的影响。戈登（Gordon，1983）构造了一个双层的联邦系统：由一个中央政府和许多地方政府组成的自给自足经济区域来说明忽视溢出效应而导致的低效。在这个系统中，在给定偏好的情况下，居民可以自由选择工作、消费公共产品和购买商品与财产的社区而只受不同迁移成本的限制。与此相类，每个企业也均可租用任何社区的生产要素并自由地在其他社区销售其产品而只受不同运输成本的限制。当然，不同的运输成本会影响商品和生产要素的价格。每个地方政府对本辖区内企业租用的生产要素和出售的产品及居民收入征税，这些税收用来在本辖区内提供免费的、无排他性的公共服务。每个社区都选择自己的税收收入和财政支出政策以最大化其包括现有居民各种效用水平在内的边际社会福利函数。该函数没有考虑一系列公共选择问题，不是因为它们不重要，而是旨在聚焦于分散决策。在各地方政府选择其政策时，假设其他社区的政策选择是已知的。

在以上基本假设的基础上，基于社会福利函数最大化的决策将导致七种类型的外部性（一个地方政府的决策会对其他地区居民的效用水平产生影响）被忽视，从而产生了低效结果：（1）非本地居民可能在本地缴纳了一定数额的税；（2）非本地居民可能在本地享受到了一定水平的公共服务；（3）非本地居民面对的拥挤成本可能会改变；（4）其他社区的税收收入水平可能由于经济活动的外溢性而改变；（5）其他社区公共服务的资源成本可能会改变；（6）产品和要素价格的改变可能使本地居民的获益高于非本地居民；（7）非本地居民的分配效应可能被忽视。

在两种特定的情况下，净外部性因相互抵消而不存在。一是假设一个中心城市和围绕它的郊区。郊区居民向城市政府纳税，同时享受城市政府的公共服务，如果城市政府考虑一致扩大税收和支出水平，则这两项的净外部性会很小。二是假设一个居民因为本地政策调整原因而迁移到其他地区。该居民在新的地区纳税，同时也增加了该地的拥挤；他不再在原居住地纳税，同时也不再加重原居住地的拥挤。对于新居住地，当此人因迁移带来的税收的边际收益与拥挤的边际成本相等时，外部性相互抵消，此两项考虑因素带来的净外部性为零。

以上所述两种情况是特例，在更多的情况下，溢出效应是存在的。戈登（Gordon，1983）认为，虽然理论上地方政府之间可以进行谈判解决任何外部性问题，但数以千计的地方政府开展谈判具有现实困难。在应对由溢出效应导致的政府提供公共产品低效问题方面存在着一些利弊参半的解决对策。

一是集中提供公共服务。这种方式将因不了解地方偏好而不能提供多样性的服务，这种方式可能尚不如分散提供。二是定向补贴。由于不同的支出类别对非本地居民的溢出规模有所不同，地方政府会在一定程度上选择错误的支出水平和支出结构。联邦政府可以通过定向补贴减少这种错误。美国的州际高速公路修建的巨大溢出效应即是通过此方式来矫正。三是本地税收减免。非本地居民在本地纳税享受公共服务的同时，也遭受着其自身带来的拥挤。一般情况下，非本地居民会在地方政府增加公共服务支出的过程中受益，因此可对本地公共服务提供联邦补贴，使补贴率等于个人的边际税率，如美国允许用联邦所得税抵扣地方政府公共支出，但这种政策缺乏吸引力。四是税收分享。当分散决策制定的税率因存在扭曲而偏低时，中央政府可制定一个更高的统一税率，并以一种近似非扭曲的方式重新分配这些税收。这种方式允许地方政府或者增加支出或者降低其他扭曲的税收。中央政府通过这一机制使地方政府得以调整税收政策和将每个地方政府的行为对其他地方政府收入的影响纳入考量范围。五是联邦限制地方税基。与税收分享的情况相反，对于一些非本地居民支付了重要份额的税种，其税率可能过高。联邦政府可立法限制其最高税率，以改进效率。

　　总而言之，溢出效应来源于外部性，而外部性是市场经济条件下经济活动的一个重要特征。税务征收与财政支出作为一种政府经济活动，不可避免地会存在溢出效应，这是财政经济相关领域学术研究的共同基础，不会因研究对象的变化而有所不同。溢出效应指明了地方政府财政收入与支出空间相关的存在性，为应用空间计量经济学方法进行财政分权与中国地方政府规模关系的研究奠定了基础。虽然中国地方政府没有法定的税收权力，但却有实际的支出权力，其支出特点基本符合戈登（Gordon）对地方政府不考虑本地支出对其他地区居民效用影响的假设，因此戈登的对策对中国现实也有一定的指导和借鉴意义。

3.5　小结

　　本章对蒂伯特模型、财政竞争理论、标尺竞争理论和财政溢出效应等反映地方财政支出具有空间相关性的理论进行了详细梳理，这些研究大多基于财政收入分权与支出分权来分析地方政府规模，且对财政体制的安排考虑到以下两个特点：一是在问责方面，地方政府是向上级政府负责（自上而下）还是向选民负责（自下而上）；二是在税权方面，地方政府是否具有法定的税收权力或独立融资能力。实际上，在不同的政治制度和经济制度、经济社会发展程度及历史文化背景等条件下，世界各国的财政制度安排有其自身的特点。以中国为例，地方政府并不具备真正意义上的税收自治权且问责机制主要集中在中央政府，承担着不断增加的财政压力。基于此，本研究将从支出分权角度分析对地方政府规模的影响。

　　财政支出作为一种经济活动，都会不可避免地存在外部性从而带来不同地区间的溢出效应；而不论是向上负责还是向下负责，也都不可避免地会导致地方政府之间的支出竞争。因此，以上实践中的共同性使得相关财政研究也是分析中国财政分权与地方政府规模的重要理论基础。下一章将回顾中国的财政分权改革历程进而对其特征加以概括。

第4章

中国财政分权改革历程回顾

回顾中华人民共和国成立以来的历史，中央与地方之间的分权与集权问题极受重视。早在1956年毛泽东在《论十大关系》中就提到"处理好中央和地方的关系，这对于我们这样的大国大党是一个十分重要的问题"①。中华人民共和国成立伊始，中国政府间财政关系便历经多次重大调整与变革。特别是改革开放之后，中国政府为打破高度集中统收统支的财政管理体制做出了极大努力，包括从1978~1993年尝试多种形式的财政包干制，到1994~2012年实行的分税制改革及其完善，再到2013年建立现代财政制度以来对财税体制改革的推进。财政包干制改革具有很强的分权特色，其主要目的在于将财权下放以激发地方政府积极性，这一措施确实对地方经济的增长起到了促进作用，但随着资源配置中市场

① 毛泽东：《论十大关系》，载于《人民日报》，1976年12月26日。

作用的不断扩大，财政包干制在中央与地方财政关系上表现出很强的随意性和讨价还价特征，导致财政收入增长速度下降，特别是中央财政收入比重不断下降，弱化了中央政府的宏观调控能力，并且地方经济发展差距不断扩大。在此背景下，中国于1994年首次引入了分税制改革，从制度层面上规范了中央与地方政府间的财政关系。

1994年实施的分税制改革，是中华人民共和国成立以来政府间财政关系领域内调整力度最大、影响最为深远的制度创新，初步形成了适应社会主义市场经济体制要求的财政分权框架。本章重点回顾了中国财政分权改革的历程。具体而言，可大致划分如下四个阶段：第一阶段为1949～1977年，实行的是统收统支的财政集中体制；第二阶段为1978～1993年，实行的是多种形式的财政承包制；第三阶段为1994～2012年的分税制改革及其完善阶段；第四阶段为2013年至今的与国家治理现代化匹配的分权改革阶段。

4.1 计划经济时期传统的财政体制
（1949～1977 年）

与高度集中的计划经济阶段相配套，这一时期的财政体制为中央集权式财政体制。虽然这一时期内的财政分配方法屡经调整，其分权思想多见于文件或著作中，并在实践中有所反映，但在此阶段，财政体制依然具备高度集中、统收统支的集权特征。地方政府作为执行中央指令的行政单位，拥有极小的收支支配权和管理权，并不构成独立的一级财政主体。

4.1.1 三年国民经济恢复时期（1949～1952 年）

中华人民共和国成立伊始，面对百业凋敝的经济状态和入不敷出的财政困境，以及抗美援朝军费骤增的紧张局面，必然需要强有力的政权结构以保证对社会经济进行有效调配和组织，因而，形成计划经济体制下的高度集中的财政体制成为了客观选择。

1950 年 3 月，中华人民共和国政务院在分析统一全国财经工作的必要性和可能性之后，通过了《关于统一国家财政经济工作的决定》，确立了"高度集中、统收统支"的财政体制。这种高度集中、统收统支的财政体制在恢复国民经济和实现财政收支平衡方面发挥积极作用的同时，也存在着"统得过死"的弊病，地方财政困难逐步显现。1951 年 3 月，在国民经济日益好转前提下，为发挥地方政府的积极性，政务院在《关于 1951 年度财政收支系统划分决定》中对统收统支财政体制进行了调整，正式指出"国家财政的收支系统，采取统一领导分级负责的方针"，即"统一领导、分级管理"的财政体制，实行中央、大区和省的三级财政体制，并划分了中央和地方的财政收支范围（见表 4 - 1）。地方财政收支每年由中央核定一次，编入本年预算。如果上年结余超过预算数字，超额留下一部分给地方；如果没有完成预算数字，则由中央补助。

表 4 - 1   1951 ~ 1953 年中央和地方财政收范围

	中央	地方
财政收入	农业税（其中超收部分的 50% 归地方）、关税、盐税、中央企业收入、国家银行收入、内外债收入	屠宰税、契税、房地产税、特种消费行为税、使用牌照税、地方企业收入等
财政支出	国防费、外交费	经济建设投资及事业费主要按隶属关系划分中央和地方支出范围。文教卫生、社会救济、行政管理费等按照管理系统来划分中央和地方支出范围

注：中央与地方比例留成收入包括货物税、工商税、印花税、交易税。

资料来源：高培勇主编，《共和国财税 60 年》，人民出版社 2009 年版，第 15 页。

可见，从"高度集中、统收统支"到"统一领导、分级管理"的财政体制，使地方地府拥有了一定的收支范围，同时由收支两条线改为收支挂钩，对调动地方征税积极性具有一定的激励作用。然而，这仅仅是分级管理的开始，就总的财力配置而言，中央仍然集中了大部分财政资金，地方政府的财权和财力仍然很小。

4.1.2　第一个五年计划时期（1953～1957 年）

这一时期既是发展国民经济的第一个五年计划时期，确立了重工业优先发展战略，也是对农业、手工业和资本主义工商业的社会主义改造时期。在此背景下，我国于 1954 年开始实行"统一领导、划分收支、分级管理、侧重集中"的财政体制。将原来的中央、大行政区、省（市）三级管理改为中央、省（市）、县（市）三级管理体制。这种调整作为1951 年财政体制的延续，适当下放了管理权限，在一定程度上降低了集权程度。

这一时期在收入划分方面采取"分类分成"办法（见表4－2）。在支出方面主要按照隶属关系进行划分，属于中央的企事业及行政单位的支出列入中央预算；属于地方的企事业及行政单位的支出则列入地方预算。地方预算每年由中央核定，按照收支划分，地方财政支出首先由地方的固定收入和固定比例分成收入抵补，不足的差额由中央划给调剂收入弥补；分成比例一年一定。地方财政的年终结余，由各地在下年度使用，不再上缴。

虽然这种调整赋予了地方一些固定的财源和机动财力，但考虑国内外政治环境，国家需要集中有限的财力保证重点项目的建设，因而中央本级财政收支需占国家财政收支的比重更多（见表4－3），重点建设项目仅有少量属于地方，因而这一阶段的调整形成了侧重于统一领导的财政体制。

表 4 - 2　　　　　　　　1954～1957 年中央和地方收入划分表

中央固定收入	地方固定收入	中央与地方分成收入
关税 盐税 烟酒专卖 国营企业利润和折旧 信贷保险收入 中央和大区行政收入 中央和大区事业收入 中央和大区公产收入	印花税 利息所得税 屠宰税 牲畜交易税 城市房地产税 文化娱乐税 车船使用牌照税 契税 地方国营企业利润和折旧 公用事业附加 地方行政收入 地方事业收入 地方公产收入 其他收入	农业税 营业税 所得税

　　资料来源：赵云旗，《中国分税制财政体制研究》，经济科学出版社 2005 年版，第 164 页。

表 4 - 3　　　　　　"一五"时期中央与地方财政收支及其比重

财政收入				财政支出			
中央		地方		中央		地方	
绝对值	比重（%）	绝对值	比重（%）	绝对值	比重（%）	绝对值	比重（%）
1003.22	77.7	287.85	22.3	966.85	73.2	353.67	26.8

　　资料来源：楼继伟主编，《新中国 50 年财政统计》，经济科学出版社 2000 年版，第 80、第 159 页。

　　经过一段时期的集权财政体制后，由于"统得过死"的弊病不断显现，1956 年 9 月，党的八大决定根据"统一领导、分级管理、因地制宜，因事制宜"的原则改进国家行政体制，适当扩大各省、自治区、直辖市的管理权限。此后，国家先后作出了一系列体制改革的决议和规定，加快了向地方放权的步伐。1957 年初，中央提出实行三级分级管理体制，即国务院一级、中央部委和省市一级、基层单位一级，逐步下放管理权限，这是对中央计划经济模式的重大突破。自此，中国开始了以行政性分权为核心的分权化阶段。

4.1.3 "大跃进"和五年调整时期（1958～1965年）

1958年为"二五"计划的第一年，中央根据"一五"时期的经验对财政体制做出若干重大改进，加之"一五"时期为这一时期的财政准备了良好的基础，中国开始了探索改革过分集中财政体制的道路。

在中央和地方政府间财政关系方面，由原来实行的"以支定收，一年一变"改为"以收定支，五年不变"的体制，即地方政府可以在五年之内根据自身收入情况来安排支出。在收入方面，属于地方财政收入的有三类（见表4-4），财政支出包括地方财政的正常支出和由中央专案拨款解决的支出，前者即地方财政支出中的经常性开支，后者包括基本建设拨款、重大的灾荒救济、大规模移民垦荒等特殊支出。

表4-4　　　　　　　1958年地方财政收入分类

地方固定收入	企业分成收入	调剂分成收入
包括原有地方企业收入、事业收入、7种原已划给地方的税收（印花税、利息所得税、屠宰税、牲畜交易税、城市房地产税、文化娱乐税、车船使用牌照税），以及地方其他零星收入	包括中央划归地方管理的企业仍属中央但地方参与分成的企业的利润20%，分给企业所在省、市场，作为地方收入	包括商品流通税、货物税、营业税、所得税、农业税和公债收入

资料来源：根据《国务院关于改进财政管理体制的规定》（一九五七年十一月八日国务院全体会议第六十一次会议通过，同年十一月十四日第一届全国人民代表大会常务委员会第八十四次会议原则批准，自一九五八年起施行）整理。

然而，这一阶段有益的尝试被"大跃进"带来的一系列虚假浮夸问题和人民公社化运动打乱，使财政执行结果与原定目标相去甚远。原定五年不变的分权体制实际只执行了一年。考虑大量的资金损失需要由国家财政来解决，中央重新加强财权与财力的集中统一。1961年1月，中央在《关于改进财政体制加强财政管理的报告》和随后的《关于调整管理体制的若干规定》中明确提出国家财权应当基本上集中到中央、大区和省自治区、直辖市三级，强调"全国一盘棋子，上下一本账"，1957～1958年下放的大中型国有企业重新由中央收回。此后的几年时间大体上沿袭了1961年的集权财政体制。

总体来看，在这一阶段中央收回了"大跃进"时期下放的许多权力，具有较高的集权特征，但并非过去高度集中财政体制的简单再现，在其后的政府间财政关系调整时期，经济建设回归适度规模。

4.1.4 "文化大革命"时期（1966～1977年）

在经济形势起伏不定的"文化大革命"（以下简称"文革"）期间，为应对日益增加的财政压力，财政体制进行了频繁调整。在1971～1973年，中央再次下放财权，实行"定收定支、收支包干、保证上上缴（或差额补贴），结余留用，一年一定"的财政收支包干体制，扩大地方财政的收支范围，按核定的绝对数包干，超收或结余的全部留归地方支配使用，超收或超支由地方自由平衡。1974～1975年，由于国民经济因"文革"损失严重，原有的"财政收支包干"体制难以有效推行，便改行"收入按固定比例留成，超收另定分成比例，支出按指标包干"作为临时性过渡措施，保证了地方的必要开支，但收支不挂钩的办法使地方权责并不匹配。1976年再次实行"收支挂钩、总额分成，一年一变"的财政管理体制。这种体制把财力和责任在一定程度上结合起来，调动了地方增收的积极性。可见，这一时期内，中国政府虽然讲究相对的集中权力，但也有放权趋势，不断寻求集权与分权的平衡。

总的来说，1978年改革开放前的政府间财政关系，除了"大跃进"时期中仅有的几年具有高度集权的基本特征，这一时期基本上采取"以支定收、一年一变"的统收统支办法，即地方政府的预算支出指标每年由中央政府统一安排，并在相应的"条条"部门管理下核定，而收入指标每年根据支出需要由中央划定，然后由地方政府负责征收。在中央政府对政府间关系形式具有主导权威的前提下，地方政府没有实质性的财政独立性和自主权，同时承担了绝大部分收入征缴工作，但财政支出完全由中央决定。在这种高度集权的财政体制下，即使地方政府的收支额占全国财政收支比重极高，地方政府在相当程度上扮演着中央政府拨付款的代理机构。

4.2　逐步分权的财政包干体制（1978～1993年）

中央与地方政府间的财政关系，不仅受特定历史阶段对基本经济制度理解的影响，也取决于当时社会经济发展的客观需要。党的十一届三中全会确立了"对内搞活、对外开放"的重大战略方针，将工作重点转移到社会主义现代化建设中。自此，针对过去高度集中统收统支管理体制对地方积极性的抑制，中国政府围绕"放权让利"的思路对中央与地方间财政关系展开一系列调整。这一时期主要包括以下几项变革。

4.2.1　1978年试行"增收分成，收支挂钩"体制

1978年，在继续实行原有"收支挂钩、总额分成"办法基础上，中央在10个省（市）试行"增收分成，收支挂钩"（后又改为"收支挂钩，超收分成"）。主要特点在于：一是地方的财政支出仍同其负责组织的收入挂钩，实行总额分成。二是中央与地方的总额分成比例一年一定。地方机动财力的提取，与当年实际收入比上年增长的部分相挂钩，按已确定的增收分成比例进行。这种方法既保留了原体制的优点，又使得地

方机动财力取决于财政收入的增长，对调动地方财政积极性、增加财政收入起到积极作用。

4.2.2　1980年"划分收支、分级包干"体制

1980年，国务院颁发《关于实行"划分收支、分级包干"财政体制的暂行规定》（以下简称《规定》），标志着中央与地方之间的财政关系从"一灶吃饭"转变为"分灶吃饭"。所谓"分灶吃饭"，是指"在国家统一领导下，中央与地方财政分开，保持各自相对独立和稳定的收支预算。中央与地方的财政各备各的米、各做各的饭。但两灶之间也保持一定的关系，互相之间都负有对对方的责任。地方对中央灶负有上交定额的义务，中央对地方灶按定额补助差额的责任"①。

该《规定》明确了除北京、天津、上海三个直辖市仍然实行接近于"统收统支"的财政集中办法外，其余各省、自治区均实行财政包干体制，并根据具体情况采取"划分收支、分别包干""财政包干""比例包干、四年不变""定额上缴或定额补助"等多种模式。财政包干体制的要点在于，"按经济管理体制的隶属关系，明确划分中央和地方财政收支范围，把财政收入分为中央固定收入、地方固定收入、中央和地方调剂收入等三类。财政支出则主要按照企事业单位的隶属关系进行划分，然后通过界定地方财政的收支基数，确定包干形式，地方多收可以多支，少收则少支，自求平衡，原则上五年不变"②。

因而，财政包干体制与农村范围内实行的家庭联产承包责任制有着类似的体制安排，并形成了一种以划分收支为基础的自求平衡的协议关

---

① 赵梦涵：《中国时政税收史论纲：1927－2001》，经济科学出版社2002年版，第464～465页。

② 高培勇：《共和国财税60年》，人民出版社2009年版，第150～151页。

系，进而直接强化了地方政府发展本地经济的激励。由于财政包干体制使政府间财力分配由过去的"条条"为主变为"块块"为主，相当于承认了中央与地方各自的地位和利益，因此被认为是中国走向分级财政体制的起点以及之后"放权让利"体制的雏形。

4.2.3　1985年"划分税种，核定收支，分级包干"体制

在1983年和1984推行第一步和第二步国有企业利改税背景下，税收收入逐渐取代企业上缴利润成为国家财政收入的主要来源，并初步建立了多税种、多环节、多层次调节的复税制体系。为适合国家和企业、中央和地方以及部门之间的分配关系发生的相应变化，中央政府再次对政府间财政关系进行调整。

具体办法为：从1985年起，除广东、福建两省继续实行"财政大包干体制"外，其余各省、自治区、直辖市均实行"划分税种、核定收支、分级包干"的财政管理体制，即按照税种和企业隶属关系确定中央和地方的固定收入及共享税收入。该体制的主要内容包括：收入划分方面，中央与地方基本按利改税后的划分收入，分为中央财政固定收入、地方财政固定收入及中央和地方共享收入三类；在支出划分方面，基本沿袭了旧体制按照隶属关系划分支出范围，中央支出主要包括中央经济建设支出，国防、外交及中央级科教文卫事业费支出等。按此办法，各省、自治区、直辖市划分收支范围后，凡地方固定收入大于地方支出者，定额或定比例上解中央；地方固定收入小于地方支出的，从中央地方共享收入中确定分成比例留给地方；如地方固定收入和中央地方共享收入全额留给地方，还不足以抵偿其支出的，由中央定额补助。地方多收多支，少收少支，自求平衡。

可见，这一体制基本上仍属于"分灶吃饭"，并改变了以往按企业行

政隶属关系划分收入的做法，转而以划分税种作为划分各级财政收入的依据。但是由于当时的税收立法权高度集中，而税收征管高度分散，加之转移支付方式不尽规范，使得地方政府向中央上缴征集的绝大部分收入的同时，其支出具有高度的自治特征。并且，受多种因素影响，这一时期的中央财政收入占全国财政收入比重不断下滑，不久这种充满矛盾的财政体制很快被1988年的财政大包干体制所取代。

4.2.4 1988年后的"多种形式包干"体制

1988年7月，国务院发布《关于地方实行财政包干办法的决定》，决定1988年起，全国39个省区市分别推行六种财政包干形式（见表4-5）。

表4-5　　　　　　1988~1993年财政包干体制的多种形式

具体形式	执行省份	主要内容
收入递增包干	北京、河北、辽宁、沈阳、江苏、浙江、宁波、河南、重庆、哈尔滨	以1987年决算收入和地方应得支出财力为基数，参照各地近几年收入增长情况，确定地方收入增长率和留成、上解比例。地方每年在收入递增率以内的收入，按照既定的留成、上解比例实行中央与地方分成；超过部分，全部留给地方；收入达不到增长率而影响上解中央部分，由地方以自有财力补足
总额分成	天津、山西、安徽	根据各地区前两年预算收支情况，核定收支基数，以地方支出占总收入的比重确定地方留成、上缴中央比例
总额分成加增长分成	大连、青岛、武汉	每年均以上一年实际收入为基数，基数部分按照总额分成比例分成，每年实际收入比上年增长部分另加分成比例
上解递增包干	广东、湖南	以地方1987年上解中央收入为基数，参照近几年地方财政收入增长情况确定上解额递增率，地方每年按确定递增率上解中央。地方除保证递增上解中央数额外，增加收入全留给地方

续表

具体形式	执行省份	主要内容
定额上解	上海、黑龙江、山东	按照原核定收支基数，收大于支的部分确定固定的上缴数额
定额补助	吉林、江西、陕西、甘肃、福建、内蒙古、广西、西藏、宁夏、新疆、贵州、云南、青海、海南、湖北、四川	按照原核定收支基数，支大于收的部分确定固定的补助数额

资料来源：笔者根据《关于地方实行财政包干办法的决定》（1988 年 7 月 28 日）整理。

　　这一时期多种形式的包干体制基本延续了 1980 年的分级包干模式，同时把"计划单列市"纳入财政包干范围。但这一财政包干体制只是简单地把企业承包机制引入财政体制，始终未能彻底根除传统体制的症结。"各种大包干办法基本都是将中央财政包死，把地方财政包活"[1]。因而在财政包干体制下，地方利益的强化助长了地区间的市场分割和低水平重复建设等问题，加之支出基数确定的不合理更进一步助长了地区间财政发展的不平衡。

　　总体来看，这一阶段的财政承包制改革基本延续了"放权让利"的做法，其优势逐渐显现，不仅地方政府由原来被动安排财政收支转为主动参与经济管理，成为独立的利益主体，调动了地方政府增强财力的积极性，进而在一定程度上促进了地区经济发展。然而，从中央与地方政府间财政关系角度看，仍待进一步规范。这一阶段的财政承包制虽然采取了多种具体形式，但其基本做法是中央与地方按协商好的比例或额度对收入进行分成，使额外增长的收入大部分归地方支配，具有很强的分权特色，导致中央财政处于不利地位；并且中央与地方之间的这种财政承包关系以双方一对一"讨价还价"为前提，具有很强的随意性和不规范性。这就可能造成地方政府"包而不干"，中央财政收入比例出现较大

---

[1]　叶振鹏、梁尚敏：《中国财政改革 20 年回顾》，中国财政经济出版社 1999 年版，第 13 页。

程度的下降。图 4-1 显示了"两个比重"（全国财政收入占 GDP 的比重及中央财政收入占全国财政收入的比重）的变化趋势。

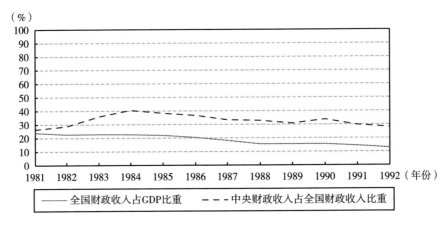

图 4-1　1981~1992 "两个比重"趋势
资料来源：笔者根据《中国统计年鉴（2020）》整理。

因此，财政包干体制可视为经济体制改革特定阶段下的过渡性体制，必将随着社会主义市场经济体制改革的进一步深化而退出历史舞台。

4.3　分税制改革及其完善（1994~2012 年）

如前所述，1978 年改革开放以来推行的"放权让利"改革的主要思路，是"在扩大国有企业自主权的同时，将原来隶属于中央各部的国有企业下放给地方政府管理"[①]。这种改革思路被称为"行政性分权"。但在政企不分的制度背景下，将国有企业下放到地方政府管理的同时，很大程度上导致了"地方封锁"的局面，并极大削弱了中央宏观调控能力。因而在 1994 年首先解决税制和税收征管问题后，亟须理顺中央与地方之间的收入分配关系，在此背景下，中国实施了分税制改革，建立了分税

---

① 高培勇：《共和国财税 60 年》，人民出版社 2009 年版，第 186 页。

制的基本框架，并在以后的实施中不断完善。

4.3.1　1994 年分税制改革

1994 年的分税制改革"根据事权与财权相结合的原则"改变了财政包干制形成的"一对一"谈判处理中央与地方政府财政关系的格局。

1. 支出划分方面

1994 年的分税制改革本应先分事权再分税，但实际是事权划分未做变动①，中央政府与地方政府间的事权划分基本延续《宪法》及其他法律规定②，并在此基础上划分了中央与地方的财政支出范围（见表 4 - 6）。

表 4 - 6　　　　　　　　中央与地方事权和支出划分

	中央政府	地方政府
事权	国家安全、外交和中央国家机关运转所需经费，调整国民经济结构、协调地区发展、实施宏观调控所必需的支出，以及由中央直接管理的事业发展支出	本地区政权机关运转所需要支出及本地区经济、事业发展所需支出
支出范围	国防费，武警经费，外交和援外支出，中央级行政管理费，中央统管的基本建设投资，中央直属企业的技术改造和新产品试制费，地质勘探费，由中央财政安排的支农支出，由中央负担的国内外债务的还本付息支出，以及中央本级负担的公检法支出和文化、教育、科学等各项事业费支出	地方行政管理费，公检法支出，部分武警经费，民兵事业费，地方统筹的基本建设投资，地方企业的技术改造和新产品试制经费，支农支出，城市维护和建设经费，地方文化、教育、卫生、科学等各项事业费，价格补贴支出以及其他支出

资料来源：笔者根据《国务院关于实行分税制财政管理体制的决定》整理。

————————

①　由于客观条件约束使得中央与地方政府间支出责任划分问题未做调整，之后的近二十年中关于此方面的改革进展亦非常有限，因而现行政府间支出责任划分基本承接了分税制改革之前中央与地方支出划分的格局，上级政府与下级政府的职能一般要求完全对口，即通常所说的"上下一般粗"。一般情况下，中央政府制定政策、实施监督；而政策的具体化和相应操作，均由低层级政府对口部门来履行。

②　实际上，《宪法》对各级政府的事权划分仅作了原则性表述，国务院有关文件或部门规章中也存在零散的描述。

2. 收入划分方面

按税种划分收入，在遵循市场经济国家一般做法的基础上，结合我国实际情况确定，即维护国家权益、涉及全国性资源配置、实施宏观调控所必需的税种划归中央，中央收入占全国财政收入的大头。将同经济发展直接相关的主要税种划为中央与地方共享税；将适合地方征管的税种划为地方税，并充实地方税税种，增加地方税收入，相对稳定的中央与地方之间收入分配关系制度框架基本确定（具体划分如表4－7所示）。

表4－7　　　　　　　　　　中央与地方收入划分

中央固定收入	关税，海关代征消费税和增值税，消费税，中央企业所得税，地方银行和外资银行及非银行金融企业所得税，铁道部门、各银行总行、各保险总公司等集中交纳的收入（包括营业税、所得税、利润和城市维护建设税），中央企业上交利润等。外贸企业出口退税，除1993年地方已经负担的20％部分列入地方上交中央基数外，以后发生的出口退税全部由中央财政负担
地方固定收入	营业税（不含铁道部门、各银行总行、各保险总公司集中交纳的营业税），地方企业所得税（不含上述地方银行和外资银行及非银行金融企业所得税）、地方企业上缴利润、个人所得税、城镇土地使用税、固定资产投资方向调节税、城市维护建设税（不含铁道部门、各银行总行、各保险总公司集中交纳的部分）、房产税、车船使用税、印花税、屠宰税、农牧业税、对农业特产收入征收的农业税（以下简称农业特产税）、耕地占用税、契税、遗产和赠予税、土地增值税、国有土地有偿使用收入等
中央与地方共享收入	增值税、资源税、证券交易税。增值税中央分享75％，地方分享25％。资源税按不同的资源品种划分，大部分资源税作为地方收入，海洋石油资源税作为中央收入。证券交易税，中央与地方各分享50％

资料来源：笔者根据《国务院关于实行分税制财政管理体制的决定》整理。

3. 建立中央对地方税收返还制度

在上述中央与地方收入范围按税种划分后，便产生了地方自有财力与其支出责任差距过大的问题。按市场经济国家的通行做法，应通过中央对地方的转移支付来解决地方财政收支不对应的问题。然而，有着特殊国情的中国着重建立了中央对地方的税收返还制度，即在一个时期内先收税再返还，这样可以照顾到地方的既得利益避免引起更大的震动，进而减少改革阻力。中央对地方税收返还制度按照存量不动、增量改革，逐步达到改革目标的思路建立，具体来讲，改革只对增量部分进行调整，存量部分仍按改革前的口径留给地方，因此形成了我国特有的税收返还制度。由于中央财政主要从改革后的收入增量中集中收入，随着财政收入的快速增长，地方在财政收入中所占的比重越来越低，中央收入比重越来越高，得到收入返还越高的地方表明对中央贡献越大。因而税收返还资金表面看是中央对地方的补助，实为中央与地方收入分享的特殊形式，并不属于转移支付。

4. 分设国家和地方税务局

根据实行分税制的需要，进行税收征管体制的改革。具体做法为：按照分税种、分开征收的原则，组建中央和地方两套税务机构。对税收实行分级征管，中央税和共享税由国家税务机构负责征收，共享税中地方分享的部分，由国家税务机构直接划入地方金库，地方税则由地方税务机构负责征收，这是中国1949年以来首次分设国家税务机构和地方税务机构，一方面中央政府对中央税和共享税的征管得以强化，在很大程度上消除了地方政府对中央税收收入的影响。在此之前，各地方的税务机关主要向当地政府负责，中央政府很难控制，而1994年中央政府第一次拥有了自己的税务机关，成为机构分设的主要获益者。另一方面，地方政府掌握了对地方税务机构更大的控制权。实践证明，分设两个税务机构保证了国税与地税责任明确，有利于提高提高征管质量和效率，并保证了中央和地方财政收入的稳定增长。

总体而言，1994年的分税制改革以扭转中央在政府间财政关系中的

不利地位为出发点，具有较为明显的集权特色。如图 4 - 2 所示，1994 年
分税制改革后使地方政府财政收入所占比重迅速上升，在财政收入不断
集权条件下，地方政府采取了层层下压支出责任的应对措施。

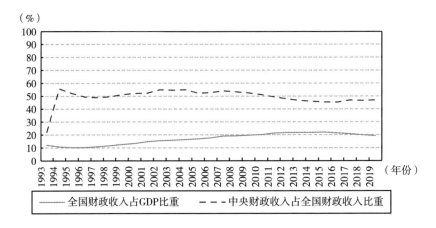

图 4 - 2　1993 ~ 2019 "两个比重" 趋势

资料来源：笔者根据《中国统计年鉴（2020）》整理。

4.3.2　1994 ~ 2012 年对分税制改革的完善

1994 年实施分税制改革从制度层面上规范了中央与地方政府间的
财政关系，此后的财政分权总体上居于稳定状态，同时沿着 1994 年改
革的思路和路径，主要在转移支付和收入划分方面等方面进行了改革和
调整。

1. 转移支付制的建立与完善

从严格意义上讲，在 1994 年的分税制改革前存在着的中央对地方
的体制补助、专项补助及结算补助等形式均属于转移支付范畴，但是这
些补助在技术上一直沿袭着行政性分配方法，不尽规范和科学。1994
年分税制改革初期，先行建立了税收返还制度，在中央财力和宏观调控

能力得以增强后，中央在立足国情的基础上适当借鉴了国际经验的做法，1995 年起出台了一般性转移支付制度①，并在 2002 年实施的所得税收入分享改革中，合并了中央因改革集中的收入，统一为一般性转移支付。

具体来讲，中央对地方的转移支付包括一般性转移支付和专项转移支付。一般性转移支付主要包括均衡地区间财力差距的一般性转移支付、体现对民族地区支持和照顾的民族地区转移支付（2000 年起实施）、作为国家增支减收政策配套措施的调整工资转移支付（1994 ~ 2004 年）、县乡"三奖一补"转移支付（2005 年）。由于一般性转移支付的设计公式保证越是财力困难的地区得到补助越高，因而在促进基本公共服务均等化方面有明显效果。在专项转移支付方面，新增了基础设施建设、农业、教育卫生、社会保障以及环境保护等项目。图 4 – 3 显示了 2011 年的税收返还和转移支付状况。

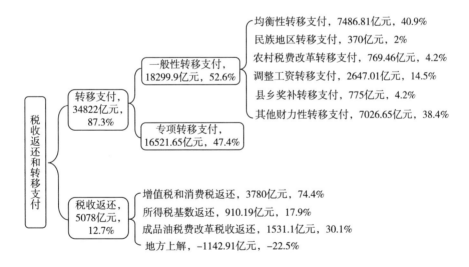

图 4 – 3 我国税收返还和转移支付状况

资料来源：笔者根据《关于 2011 年预算执行情况与 2012 年预算草案的报告》整理。

---

① 又称过渡期转移支付，待时机成熟后逐步过渡到规范的转移支付制度。

2. 政府间收入划分的改革与调整

一是 2002 年实施所得税收入分享改革。这一改革可视为一次较大的税权划分改革，此改革将以前按企业隶属关系划分中央和地方所得税的办法改为中央与地方按统一比例分享①。2002 年中央政府和地方政府的分享比例各为 50%；2003 年起，中央政府的分享比例提高到 60%，地方政府的分享比例降低到 40%。中央因改革所得税收入分享办法增加的收入全部用于对地方主要是中西部地区的一般转移支付。二是 1997 年开始相继提高中央分享印花税的比例。为妥善处理不同地区的财政分配关系，中央持续提高印花税的分享比例：1994 年中央政府和地方政府的印花税分享比例各为 50%；1997 年中央政府的分享比例提高到 88%，地方政府的分享比例降低到 12%；自 2000 年起，中央政府的分享比例分三年分别提高到 91%、94% 和 97%，地方政府的分享比例逐年降低到 9%、6%、3%。中央由此增加的收入主要用于支持西部贫困地区的发展，并作为补充社会保障资金的一个来源。三是 2004 年实施出口退税负担机制改革。这一改革建立了中央和地方共同负担出口退税的新机制。1994 年分税制规定出口退税全部由中央财政负担，在此后十年间受征管条件及国内外经济形势的影响，出口退税率也多次调整。2004 年，为调动地方政府打击骗退税的积极性，具体以 2003 年出口退税实退数额为基数，超基数部分的退税额由中央政府和地方政府以 75∶25 的比例分别负担。后因口岸

---

① 这一规定也有例外的企业。根据《国务院关于印发所得税收入分享改革方案的通知》等文件，少数特殊行业、企业（铁路运输、国家邮政、中国工商银行、中国农业银行、中国银行、中国建设银行、国家开发银行、中国农业开发银行、中国进出口银行、海洋石油天然气企业、中国石油天然气股份有限公司、中国石油化工股份有限公司等）缴纳的企业所得税归中央政府。其他企业所得税收入和个人所得税收入实行中央与地方按比例分享。并且，考虑中国石油天然气股份有限公司和中国石油化工股份有限公司所得税若作为中央与地方共享收入范围，可能导致所得税年度之间波动过大，影响地方既得利益和预算安排，后来的相关文件明确两大公司所得税继续作为中央收入。

城市出口退税负担过重，便在 2005 年起将这一比例调整为 92.5∶7.5。除了以上税种外，还对营业税、车辆购置税、船舶吨位税等税种的收入划分进行改革，以及在 2009 年实行成品油税费改革。

当然，随着 1994 年分税制改革成效的逐步释放，游离于体制外的政府收支及财政支出等方面的矛盾日益显露，在 20 世纪 90 年代后期开始了以规范政府收支行为及其机制为主旨的"税费改革"，推动构建了公共财政体制框架并进一步完善。

4.4 与国家治理现代化匹配的分权改革：2013 年至今

2013 年 11 月，党的十八届三中全会通过的《中共中央关于全面深化改革若干重大问题的决定》提出"财政是国家治理的基础和重要支柱"，意味着财税体制由经济体制的一个组成部分跃升为国家治理体系的一个组成部分。党的十九大报告把"建立权责清晰、财力协调、区域均衡的中央和地方财政关系"放在财税体制改革三大任务之首，凸显出财政分权改革的重要性和紧迫性。这一阶段开启了分权改革的新篇章，具体包括以下几个方面。

1. 明确划分中央与地方事权

2016 年 8 月，国务院发布了《关于推进中央与地方财政事权和支出责任划分改革的指导意见》，主要包括以下几个方面：一是对央地财政事权和支出责任如何划分提出了原则性的指导意见，如明确了"谁的财政事权谁承担支出责任""适度加强中央的财政事权""减少并规范中央与地方共同的财政事权"等重要原则。二是对中央财政事权、地方财政事权、中央地方共同事权进行了明确划分。三是勾画改革时间表和路线图，即：2016 年先从国防、国家安全等领域着手，2017~2018 年深入到教育、医疗、环保、交通等领域，2019~2020 年基本完成主要领域改革，形成央地事权和支出责任划分的清晰框架。

此后中央与地方财政事权和支出责任改革不断推进，多点开花，国务院依次出台医疗、科技、教育、交通运输、生态环境、自然资源、应急救援、公共文化等领域的中央和地方财政事权与支出责任划分改革方案。在中央层面推进改革的同时，地方层面也在加紧推进各省同市县财政事权与支出责任划分改革实施，进一步明确省内各项划分。

2. 明确国家基本公共服务清单，探索多级政府间支出责任分担方式

2017 年 3 月，我国出台《"十三五"推进基本公共服务均等化规划》，首次推出国家基本公共服务清单，将 81 个项目明确服务对象、服务指导标准、支出责任、牵头负责单位。随后多省跟进，分别出台了各省"十三五"基本公共服务清单。与具体服务相对应的是支出责任，已公布的支出责任表述包括："市、县（市）政府负责，中央和省级财政适当补助""中央、省和市政府共同负责""中央和地方政府分级负责"等，在一定程度上对支出责任主体予以界定，但具体的分担水平、要素和关键指标还有待明晰，相关部门正在探索针对不同的基本公共服务采取差异化分担机制。

3. 规范财政转移支付制度

2015 年 2 月，国务院出台《关于改革和完善中央对地方转移支付制度的意见》，明确规定财政转移支付以一般性转移支付为主体，提出了增加一般性转移支付规模和比例；严格规范了专项转移支付的设立，并要求建立健全专项转移支付定期评估和退出机制；要求上级政府安排专项

转移支付时，除按照国务院的规定应当由上下级政府共同承担的事项外，不得要求下级政府承担配套资金。

这些规定有利于优化转移支付结构，提高转移支付资金分配的科学性、公平性和公开性。而在此之前，专项转移支付在项目规模和数量上都过于庞大。

4. 加快省以下财政事权和以出责任划分

多省以文件形式明确了省以下财政事权和支出责任划分改革的时间表与路线图，不断推进省以下财政体制改革。例如，上海针对特大城市经济社会特点，深化财政体制改革，印发《上海市人民政府关于推进市与区财政事权和支出责任划分改革的指导意见（试行）》，其基本公共服务供给的主体责任格局是区级财政为主、市级财政发挥统筹与补充作用、市级对各类保险基金进行兜底；浦东新区先行先试，坚持问题导向，因地制宜，采取统筹核心发展权和下沉区域管理权，逐步理顺区镇财政事权与支出责任分担机制，强化区镇公共服务、公共管理、公共安全及社会治理职能。

从大脉络上讲，中华人民共和国成立以来六十多年的改革"实际上是财政由高度集中向分级分权转变的过程，是财政管理逐渐科学化、规范化的过程"[①]。其中，1994 年分税制改革是我国税收体制改革的里程碑，实现了对我国不同级别政府间收入关系的较大规模调整，但此后约二十年间，支出方面的纵向划分相对缺乏全局性、系统性的调整，造成监督客体不清、支出随意性大和支出扭曲长期得不到矫正等一系列问题。2016 年《关于推进中央与地方财政事权和支出责任划分改革的指导意见》出台，政府间财政关系改革迈出重要一步。在随后的改革中能看到财政事权和支出责任划分框架初步建立，中央上收事权的趋势比较明显，这

---

① 项怀诚：《改革是共和国财政 60 年的主线》，载于《经济观察报》，2009 年 8 月 28 日。

有利于缓解地方政府的财政压力。

　　然而不可回避的是，政府间事权划分不清晰、不合理的问题仍未得到彻底解决，如义务教育、基本养老保险等基本公共服务的财政事权和支出责任划分改革刚刚破题；这些领域之外的外贸政策、知识产权保护，以及跨区域的食品药品安全等方面的事权和支出责任划分改革尚未触及，仍需进一步立足国情着力推进财政分权改革。

4.5　小结

　　回顾中华人民共和国成立以来的财政分权改革历史，不难发现，中国已在分税制的框架下构建了具有中国特色的财政分权体系。现代财政根据实践中地方政府决策的独立程度，主要将财政分权划为三种形式：分散化、授权、权力下放。其中分散化形式类似于郡县制，即地方政府仅仅是完成政府的职能部门，不具有独立融资能力。在这种分权形式下，中央政府将自身责任分散给地方政府，地方政府承担提供公共产品和服务等职能，但人事权仍由中央政府决定，因而更多地表现为中央对地方政府的行政约束，又称行政性分权。委托式分权即中央政府把部分权力委托给地方政府。中央以下各级地方政府并非中央政府的分支机构，而是中央政府的代理人，地方政府能够代表中央政府执行某些职能，并部分具有独立融资能力，通常也会采用财政转移支付形式提供履行职能的部分或全部资金。由于中央政府赋予其责任，会在一定程度上对地方政府进行监督。下放式分权即中央政府将部分权力下放给地方政府，地方政府在公共决策、财政筹资及辖区治理等方面拥有充分的自主权。进一步讲，在权力下放的分权形式下，地方政府不仅拥有执行权，还拥有决策权，不仅被赋予了提供公共产品和服务的职能，还被赋予了通过征收税费为履行职能来筹资的权力，以及在提供公共产品和服务的结构上相当大的自主性。当然，中央政府仍然可以向地方政府提供财政支持。因而，财政分权理论中所指的财政分权实为"权力下放"，而中国的财政分权实为经济上的分权与政治上的集权并存而形成的"分散化"行政性分权。

进一步讲，中国式财政分权并非完全意义上的财政分权，其中税收立法权高度集中于中央政府，地方政府未被赋予开征新税、改变税率或税基等税收决策自主权，若地方政府被赋予了大部分事权进而承担不断增加的财政压力时，这种让地方承担更多支出责任的做法将使地方政府获得了较大的资源支配权。并且，中央通过指标考核的方式决定地方政府官员的晋升。GDP作为当前最为客观、综合和便捷考核的指标成为考核的首选指标，以经济增长为核心发展起来的考核体系容易促使官员间展开激烈竞争。与劳动力和技术相比，资本对于推动地方经济增长具有见效快和强度大的特点，从而以改善投资软硬环境为核心的支出竞争影响着地方政府间的规模变动。因此可以说，中国的财政分权化改革是地方政府支出竞争的重要决定因素，进而引致了地方政府规模变化。地方政府规模的变动趋势将在下一章中呈现。

第5章

中国地方政府规模概况分析

　　税制改革贯穿于改革开放以来的四十多年间。1994年的分税制改革，在之前税制改革的基础上进一步建立了较为完善的财政分权体制。在分权体制下，地方政府通过财政支出体现其活动范围和方向，实现其各项职能。地方财政支出规模与结构作为国家财政体制中的一个重要方面，也在很大程度上反映了地方政府的职能发挥情况；而职能的发挥同时也是建立在一定的地方政府机构设置基础上的。可见，地方政府的支出规模是与地方政府机构紧密联系在一起的。

　　因此，本章首先简要回顾中国地方政府的历次机构改革，这是研究地方政府规模的基础。之后，重点分析近年来地方政府支出规模的变迁历程，以发现其基本特点和未来趋势，为实证研究提供一个关于地方政府支出规模的基本认识。

5.1　中国地方政府机构改革回顾

各级地方政府既是中央政府各项方针政策的下达与执行机关，又是地方公共管理事务和经济发展决策的领导机关。1949年中华人民共和国成立后，在借鉴苏联经验的基础上，以法律的形式确立了地方政府的管理体制，形成了相对稳定的组织结构。但由于新中国成立初期特殊的政治条件和国内外环境，当时的地方政府管理体制依然带有显著的战时管理体制特点，如高度的集权化、管理的计划性等特点，虽然这种体制适应了当时特殊的建设任务，促进了国民经济发展，但这一时期的成功经验反而成为了和平建设时期的"负担"和"包袱"，特别是1978年改革开放之后，这种管理体制暴露的缺点和不适应问题越来越多，掣肘了经济社会发展的方方面面。

为了适应市场经济体制下的经济建设，我国政府进行了多次自上而下的政府机构改革，转变了政府职能，优化了政府结构，同时也抑制了地方政府规模的过快增长。这些机构改革分别发生在1982年、1988年、1993年、1998年、2003年、2008年、2013年、2018年，可将其划分为四个阶段。

5.1.1　冲破计划经济政府管理模式阶段（1982~1992年）

这一阶段第一次改革是1982年以提高效率为目的的中层精简与基层改革。1982年，《中华人民共和国宪法》《中华人民共和国地方各级人民代表大会和地方各级人民政府组织法》重新规定了行政公署的性质与地位，其仍作为省、自治区人民政府的派出机构；同年底，地方政府机构开始改革。主要内容在于通过减少中间层级政府实现精简机构的目的，具体做法包括：地市合并，以市管县；经济发达地区地委行署与市委市政府合并。截至 1988 年底，已经有 168 个市实现了对 712 个县的市管县体制。

1983 年，中央决定在基层实现政社分开，建立乡镇人民政府，以适应农村经济文化发展需要。截至 1988 年，全国共建立乡镇政府69842 个。1982 年的这次改革，减少了中间层级地方政府机构数量，同时改革了基层政府管理体制。总体而言，形成了当前五级政府架构的轮廓。由于精简机构和层级关系顺畅，通过控制行政性支出和减少推诿扯皮现象的发生较为有效地抑制了地方政府规模的膨胀，提高了政府工作效率。

第二次改革是 1988 年以转变政府职能为目的的经济管理部门机构改革探索。随着经济体制改革的不断深化和政治体制改革的逐步展开，政府经济管理部门的职能面临着与之相适应的转变，即由直接管理向间接管理转变，由微观管理向宏观管理转变。这也是 1988 年开始的机构改革的重点。

这次地方政府机构改革由 1988 年底的全国人事工作会议提出基本思路和实施步骤，但 1989 年初，当时的经济发展趋势要求进行必要的治理整顿，因此针对省级和计划单列市的机构改革被推迟，主要通过试点的办法进行相关探索。因为种种原因，这次改革未能完全推开。1988 ~ 1989 年对经济管理部门机构改革的探索，虽然在机构调整力度方面不如1982 年大，但其提出的"转变政府职能"这一改革目标，成为了历次机构改革的核心目标之一。在试点的过程中和这段时间内，一些地方政府的机构设置进行了局部调整，也在一定程度上控制了编制的膨胀，部分地方政府进行了具体的调查并拟订了改革的方案，为之后的机构改革提供了部分参考。

5.1.2　建立适应市场经济的政府管理架构阶段（1993～2002年）

这一阶段第一次改革是 1993 年以服务市场经济为目的的量化政府规模与横向调整职能改革。1992 年，社会主义市场经济体制得以确立，继之而来的是 1993 年以建立社会主义市场经济体制为目标的从政府体制改革高度推进的地方政府结构改革。此次改革的任务是逐步建立能够适应并推动市场经济体制建立和完善的、具有中国特色且功能齐全、结构合理、运转协调和灵活高效的政府管理体系，重点是实现政企分开，转变政府职能。

此次地方政府机构改革在总结之前机构改革经验教训基础上，在总的指导思想、指导原则下，形成了具体的改革思路。省级地方政府机构改革主要包括：第一，合理划分省、自治区和省区辖市、直辖市和区、县的行政权限，理顺上下关系；第二，确定党政机构设置限额，直辖市党政机构控制在 75 个左右，省及自治区党政机构平均控制在 55 个左右；第三，控制人员编制，直辖市机关人员编制总数控制在 11 万人左右，省和自治区机关人员编制总数控制在 16 万人左右；第四，确定省级领导职数，改革和完善省以下结构调整，具体而言，省级领导班子职数为 6～7 人。地（州、市）级机构的改革是把机构改革和完善地区行政管理体制结合起来：一是继续进行地级机关与市级机关合并，实行市管县体制；二是将地级市分为一二三类，根据类别量化机构个数；三是县、乡机构改革，按照“小政府、大社会”的方向，把专业经济部门改为经济实体或者服务实体，而将其行政职能集中到政府部门，实行综合管理。

1993 年的这次改革主要是通过确定各级政府职能的边界实现地方政府规模的量化规范。在政府结构上，进行了相关职能的横向调整。

　　第二次改革是 1998 年减员增效和政企分开改革。可以说，1993 年的政府机构改革取得了较大成绩，为社会主义市场经济体制的建立和健全起到了较为重大的作用。但改革不可能一蹴而就，很多问题仍未解决。臃肿的政府反映的是当时在管理体制和机构设置层面上的不足，其直接结果是政府效率的低下，这就需要对政府人员进行精简和分流，以减轻支出负担，提高服务效率。因此，1998 年的第九届全国人大一次会议审议通过了关于国务院机构改革方案的决定。与此相对应，地方政府机构改革按统一部署，于 1999 年开始实施。

　　1999 年，省级党委、政府等机构改革进行；2000 年，省以下党委与政府各机构改革启动。具体情况如表 5 - 1 所示。

表 5 - 1　　　　　　　1999 ~ 2000 年地方政府机构减员情况一览

类别	减员前（万人）	减员数（万人）	减员后（万人）	减员比例（%）
省级党委机关	3.4	0.7	2.7	19
省级政府机构	15.8	7.4	8.4	47
省级人大、政协及群团机关	1.8	0.3	1.5	17
市县乡机关	460	89	371	19
政法机关	88	9	79	10

　　注：政府机关数据不含基层队伍。
　　资料来源：《中国统计年鉴（2001）》《中国统计年鉴（2011）》。

　　此外，省及省以下各级政府机构在之前基础上也进行了相应调整，其中省级政府机构由原来的平均 55 个减少为 40 个，市级由原来的平均 45 个减少到 35 个，而县级则从平均 28 个减少到 18 个。

　　必须说明的是，1998 年改革历史性的进步是政府职能转变有了重大进展，其突出体现是撤销了几乎所有的工业专业经济部门，共 10 个：电力工业部、煤炭工业部、冶金工业部、机械工业部、电子工业部、化学工业部、地质矿产部、林业部、中国轻工业总会、中国纺织总会，这直接消除了政企不分的组织基础。

5.1.3　探索实施大部制阶段 (2003～2017 年)

这一阶段在中央层面进行了三次较大的政府机构改革,其目的主要在于转变政府职能,降低行政成本,以更好地实现政府与市场经济的对接。

2001 年,中国加入世界贸易组织,为了更好地适应这一新变化,中央层面于 2003 年进行了相应的部委职能调整。具体而言,成立国资委深化国有资产管理体制改革;成立银监会健全金融监管体制;组建商务部推进流通体制改革;组建食品药品监督管理局和调整国家安全生产监督管理局,以加强安全监管。

2008 年,党的十七届二中全会通过了《关于深化行政管理体制改革的意见》,探索实行职能有机统一的大部门体制,完善运行机制。其目的依然是转变政府职能和理顺部门职责关系,探索有机统一的大部制。改革后,新组建了工业和信息化部、交通部、人力资源和社会保障部、环境保护部及住房和城乡建设部,国务院组成部门调整为 27 个 (不含国务院办公厅)。

2013 年,国务院组成部门继续推进大部制改革,其背景依然在于部分机构设立过细而导致的部门相互职责交叉、重复,导致服务效率不高和合作配合不畅。此次改革主要表现为职能调整和政企分开,改革后的机构设置将更加适应市场经济在资源配置中的基础性作用和社会力量在管理社会事务中的作用。具体而言,铁路政企分开,不再保留铁道部;组建卫生和计划生育委员会;组建国家食品药品监督管理总局;组建国家新闻出版广电总局;重组国家海洋局,设立国家海洋委员会;重组国家能源局,不保留国家电力监督委员会。国务院组成部门减少到 25 个。

这十年来中央层面的大部制改革,对地方政府的影响是巨大的。但地方推进大部门体制并无统一模式,各地根据各自特点自主探索展开。

其实在地方政府层级，大部门管理体制早已萌芽，甚至走在中央前列。例如，海南省创建的"小政府、大社会"的体制模式；湖北随州 2000 年升格为地级市后在不增设人员和机构编制的情况下将相近职能整合到一个机构中；四川成都以破除城乡二元结构为目的把密切相关的职责集中在一个大的部门中，统一行使改革。

5.1.4　推进国家治理现代化的机构改革深化阶段（2018 年至今）

随着中国特色社会主义进入新时代，党和国家机构改革被纳入国家治理体系和治理能力现代化中，整体考虑和统筹推进。作为深化党和国家机构改革的重要组成部分，地方机构改革进入新的历史发展阶段。

2018 年 3 月，中共中央印发《深化党和国家机构改革方案》（以下简称《方案》），此次机构改革不再是单纯的政府机构改革，而是以治理现代化为指向对政府机构体系进行系统性重构，涉及党的领导体系、政府治理体系、武装力量体系、群团工作体系等多个方面。该《方案》为省级机构改革的落地框定了时间范围、作出了路线规划，规定"省级党政机构改革方案要在 2018 年 9 月底前报党中央审批，在 2018 年底前机构调整基本到位。省以下党政机构改革，由省级党委统一领导，在 2018 年底前报党中央备案。所有地方机构改革任务在 2019 年 3 月底前基本完成"。同年 6 月，全国各省（自治区、直辖市）级以及副省级市国税局、地税局合并且统一挂牌。

自 2018 年 9 月 13 日海南省成为全国第一个省级机构改革方案获批省份，至 2018 年 11 月 11 日上海获批，31 个省份（不包含港澳台地区）的省级机构改革方案全部获批，各省区市正式步入省级机构改革的全面实施阶段。机构改革后，各省整体结构与中央较为一致，确保了中央与地方政府机构对口、政令贯通。中央给予了地方一定的机构设置自主权，各省从自身经济社会发展水平、产业结构、地理人口、民族结构等实际出发，因地制宜设置机构和配置职能，机构数量不尽相同。其中，海南、宁夏最少，为55个；直辖市中，北京为65个，重庆、天津为64个，上海为63个；广西为58个；广东为59个；山东、湖南、辽宁、黑龙江、浙江、江西、湖北、江苏、吉林、福建、甘肃、河北、安徽等省份均为60个①。此外，承担行政职能的事业单位也在此次改革之列，如多个省份不再保留或新设承担行政职能的事业单位；多个省份事业单位减员，不再承担行政职能。与以往改革相比，2018年政府机构改革的强度和幅度均较大，改革更加注重系统性、整体性、协同性。

总体而言，随着改革开放和社会主义市场经济体制的确立，地方政府通过机构改革实现了机构职能的优化、协同和高效，在政府职能配置的实体化方面改革进展明显。上述改革也反映了地方政府不断调整自身以实现与经济社会发展客观现实相适应的历史，为研究地方政府支出规模的变化提供了现实基础。

5.2　中国地方政府财政支出规模基本情况

理论上讲，地方经济发展水平是地方政府支出规模的首要决定因素，经济发展水平越高，地方财政支出规模越大，这是由于更加发达的经济可以提供更为丰沛的税收，以保证地方政府更有能力提供公共性支出，所以经济发展可通过增加现有公共服务的支出强度推动地方政府规模扩大。同时，地方政府的财政支出活动必然是在一定的政治体制和财政体

---

① 王红茹：《31省份机构改革的地方特色 多省市设置"特色部门"》，载于《中国经济周刊》2018年第49期，第52～54页。

制下进行的,这为地方政府职能的发挥圈定了范围,地方政府职能范围的扩大可通过拓宽公共服务的广度推动地方财政支出增加。

除了以上两点外,地方财政支出规模的大小在一定程度上取决于中央与地方的事权、财权划分;中央与地方间事权、财权划分的不清晰、不合理也可能推动地方政府支出规模的扩张。

5.2.1 全国视角

改革开放以来,我国地方政府财政支出规模逐年扩大。这不仅表现在绝对规模上的逐年增加,也体现在其占全国财政支出及占国内生产总值比值等相对规模的提高。分时点对比来看,1994 年地方财政支出为 1978 年的 6.84 倍,地方财政支出占总支出的比重上升了 17.1 个百分点;2013 年地方财政支出是 1994 年的 29.6 倍,地方财政支出的比重上升了 15.7 个百分点。2012~2019 年,地方财政支出占全国财政总支出比重高于 85%,维持在历史最高水平(见表 5 - 2)。

表 5 - 2　　　　　　1978~2010 年中央和地方财政支出情况

年份	GDP (亿元)	财政支出绝对数(亿元)			财政支出相对数(%)		
		全国	中央	地方	地方财政支出占比	地方财政支出增速	地方财政支出占 GDP 比重
1978	3678.7	1122.1	532.1	590.0	52.6	——	16.0
1979	4100.5	1281.8	655.1	626.7	48.9	6.2	15.3
1980	4587.6	1228.8	666.8	562.0	45.7	-10.3	12.3
1981	4935.8	1138.4	625.7	512.8	45.0	-8.8	10.4
1982	5373.4	1230.0	651.8	578.2	47.0	12.8	10.8
1983	6020.9	1409.5	759.6	649.9	46.1	12.4	10.8
1984	7278.5	1701.0	893.3	807.7	47.5	24.3	11.1
1985	9098.9	2004.3	795.3	1209.0	60.3	49.7	13.3
1990	18872.9	3083.6	1004.5	2079.1	67.4	7.4	11.0
1991	22005.6	3386.6	1090.8	2295.8	67.8	10.4	10.4
1992	27194.5	3742.2	1170.4	2571.8	68.7	12.0	9.5

续表

年份	GDP（亿元）	财政支出绝对数（亿元）			财政支出相对数（%）		
		全国	中央	地方	地方财政支出占比	地方财政支出增速	地方财政支出占GDP比重
1993	35673.2	4642.3	1312.1	3330.2	71.7	29.5	9.3
1994	48637.5	5792.6	1754.4	4038.2	69.7	21.3	8.3
1995	61339.9	6823.7	1995.4	4828.3	70.8	19.6	7.9
1996	71813.6	7937.6	2151.3	5786.3	72.9	19.8	8.1
1997	79715.0	9233.6	2532.5	6701.1	72.6	15.8	8.4
1998	85195.5	10798.2	3125.6	7672.6	71.1	14.5	9.0
1999	90564.4	13187.7	4152.3	9035.3	68.5	17.8	10.0
2000	100280.1	15886.5	5519.9	10366.7	65.3	14.7	10.3
2001	110863.1	18902.6	5786.0	13116.6	69.5	26.7	11.8
2002	121717.4	22053.2	6771.7	15281.5	69.3	16.3	12.6
2003	137422.0	24650.0	7420.1	17229.9	69.9	12.8	12.5
2004	161840.2	28486.9	7894.1	20592.8	72.8	19.5	12.7
2005	187318.9	33930.3	8776.0	25154.3	74.1	22.2	13.4
2006	219438.5	40422.7	9991.4	30431.3	75.3	21.0	13.9
2007	270092.3	49781.4	11442.1	38339.3	77.0	26.0	14.2
2008	319244.6	62592.7	13344.2	49248.5	78.7	28.5	15.4
2009	348517.7	76299.9	15255.8	61044.1	80.0	24.0	17.5
2010	412119.3	89874.2	15989.7	73884.4	82.2	21.0	17.9
2011	487940.2	109247.8	16514.1	92733.7	84.9	25.5	19.0
2012	538580.0	125953.0	18764.6	107188.3	85.1	15.6	19.9
2013	592963.2	140212.1	20471.8	119740.3	85.4	11.7	20.2
2014	643563.1	151785.6	22570.1	129215.5	85.1	7.9	20.1
2015	688858.2	175877.8	25542.2	150335.6	85.5	16.3	21.8
2016	746395.1	187755.2	27403.9	160351.4	85.4	6.7	21.5
2017	832035.9	203085.5	29857.2	173228.3	85.3	8.0	20.8
2018	919281.1	220904.1	32707.8	188196.3	85.2	8.6	20.5
2019	990865.1	238858.4	35115.2	203743.2	85.3	8.3	20.6

资料来源：《中国统计年鉴（2020）》《中国财政年鉴（2020）》。

（1）地方财政支出规模绝对量单向递增，在 2005 ~ 2011 年增速高达
20% 以上，2012 ~ 2016 年增速有所波动，至 2019 年增速稳定至 8% 左右；
地方财政支出占总支出的规模总体呈上升趋势，1996 ~ 2000 年呈小幅小
降变动。从图 5 - 1 来看，地方政府规模的绝对量单向上升，其曲线越发
陡峭，表明上升速度呈加快态势。地方政府支出的相对比重虽然有所反
复，但其增长的趋势却是清晰的，已由 1978 年的 52.6% 增加到了 2019
年的 85.3%，这在一定程度上说明在我国市场经济体制改革的过程中，
分权改革使地方政府事权不断增多，职能不断扩张，地方政府可支配的
财政资源在大幅度增加。

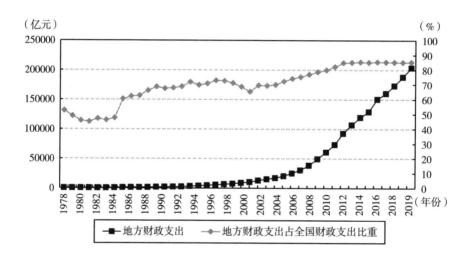

图 5 - 1　1978 ~ 2019 年 GDP 与地方财政支出的关系

资料来源：《中国统计年鉴（2020）》《中国财政年鉴（2020）》。

（2）地方财政支出增速略高于 GDP 增速，地方财政支出占 GDP 比
重先降后升。由图 5 - 2 可以发现，随着 GDP 的增长，地方政府财政支
出也出现了较大幅度的增长。经济体制改革以来，我国 GDP 单向快速
增长，但地方财政支出增长经历了先缓慢后加快的态势。经表 5 - 2 计
算得出，2019 年我国 GDP 总量是 1978 年的 269.3 倍，年均增长 14.6%。

地方财政支出增长 345.3 倍，年均增长 15.3% 左右，略高于国内生产总值的增长速度。地方财政支出占国内生产总值的比重由 1978 年的 16.0% 上升至 2019 年的 20.6%。从图 5-2 中可以发现，1994 年分税制改革之后，地方财政支出占比从 1995 年开始持续上升，且近年来增速加快。

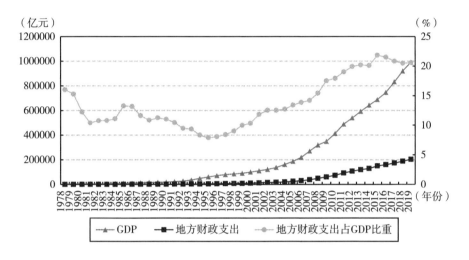

图 5-2　1978～2019 年 GDP 与地方财政支出的关系

资料来源：《中国财政年鉴（2020）》。

（3）地方财政支出增速高于中央本级财政支出，中央补助地方支出力度不断加大。从图 5-3 来看，地方财政支出与中央本级财政支出的差值越来越大，地方财政支出规模的扩张，部分源自中央转移支付的增长。计算结果表明，1990～2019 年，中央本级支出与补助地方支出合计年均增长 15.7%，低于地方财政支出约 1.4 个百分点，高于 GDP 约 1.1 个百分点，中央财政在宏观经济中的影响力不容忽视。如果把一般公共预算支出以外的其他财政支出考虑在内，地方财政的优势会相对明显，地区间重复建设及产业同构等与此不无关系。

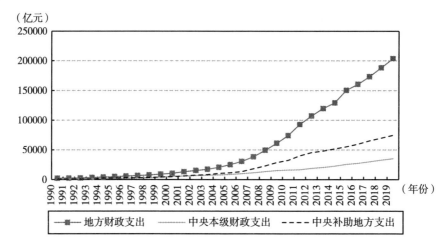

图 5 – 3   1990～2019 年地方财政支出与中央财政支出比较
资料来源：《中国财政年鉴（2020）》。

5.2.2   省级视角

图 5 – 4 显示了 2000～2019 年 30 个省份一般预算支出占本地区生产总值比重的平均值，反映了地方政府所掌握的财政资源占当地经济的比例。同时，该图也反映了 2000～2006 年 30 个省份人均基本公共建设支出的均值变化趋势。

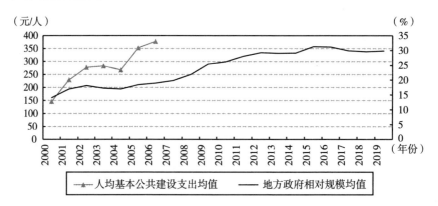

图 5 – 4   2000～2019 年地方政府相对规模与基本公共建设支出变化趋势
资料来源：《中国财政年鉴（2001 – 2020）》。

从图 5 - 4 中看出，地方政府一般预算支出占本地区生产总值比重的均值，在 2000 ~ 2019 的 20 年间从 14.1% 上升至 29.8%，上升了 15.7 个百分点；2008 年开始，这一比例一直高于 20%。如果将政府性基金规模纳入统计，这一比例将进一步提高，其上升趋势体现了地方政府规模的增速快于 GDP，印证了前面结论；地方政府人均基本公共建设支出的平均水平呈递增趋势，且增速较快。2000 ~ 2006 年，人均基本公共建设支出均值从 146 元增加到 377 元，7 年间年均增长 14.5%。

无论是地方政府相对规模，还是人均基本公共建设支出，整体上均在不断扩大，这与前面的结论一致。这样的结果自然有经济增长和分权制度的良性推动，同时也可能存在体制不完善下的无序膨胀。如前面所述，在中央与地方间的事权与支出职责缺乏细致和彻底的划分情况下，常常出现本应由中央政府承担的职责被转嫁给地方，典型的范例如：三峡工程移民、长江防汛等收益范围大规模外溢、关系全国经济社会发展的项目，曾存在中央与地方 1∶1 进行资金配套的要求；由中央财政管理的事业经费，典型的如统计普查事业费、地震事业费、武警经费等，由地方负担或部分地由地方负担；粮食价格保护政策被转嫁给地方实施。从收益原则上讲，粮食生产和经营是关系国民生计和社会稳定的重大事项，价格保护政策理应由中央政府实施，地方可负担其中与本省居民生活用粮和必需的储备相关的政策性支出。

这些现象究其原因，很可能在于我国政府间职责划分、权利与义务关系及相互制衡的方式，曾长期缺乏法律规范，在相应时期的实践中出现地方政府支出规模扩大现象。

5.3　小结

本章在回顾地方政府机构改革的基础上，从全国和省级两个视角对地方政府规模的变化进行了回顾。研究表明，在研究时段内，地方政府规模增长迅速。同时，本章也指出了地方政府规模增长中可能存在的体制问题。

　　总体而言，本章对地方政府机构改革的简要回顾为之后的实证研究建立了分析基础。简单的描述性统计分析明晰了地方政府规模变化的趋势，其中提出的经济增长、财政分权与其他较为广泛的体制因素对地方政府规模的可能影响将在下一章中得到验证。

第6章

中国财政分权与地方政府规模 关系空间实证研究

自 20 世纪以来,各个国家的公共支出规模均出现了快速扩张的趋势。这种扩张引来学术界诸多质疑,认为如不对其进行有效制约,则可能导致政府规模恶性膨胀。因此,应建立一种合理的机制,以打破政府在公共收入上的垄断,使公共支出规模和结构更加符合居民的偏好与需求。布伦南和布坎南(Brennan and Buchanan,1980)提出了著名的"怪兽理论",指出财政分权所导致的地方政府竞争将有效抑制地方政府扩张,他们同时证明了财政分权在美国、加拿大和瑞士等高度分权的国家能够控制政府规模恶性膨胀和提高政府服务效率。在实践领域,20 世纪 80 年代以来,财政分权机制的作用不仅被发达国家政府认可和接纳,且已成为发展中国家公共部门改革的一项重要措施。

尽管如此,争论却一直存在。许多学者在相关研究中得到了模糊甚至相反的结论。例如,奥茨(Oates,1988)利用横截面数据研究了 18 个工业化国家和25个发展中国家共43个国家及美国48个州财政分权与政府规模之间的关系，结果表明两者间关系不显著；而金和邹（Jin and Zou，2002）以32个国家的面板数据为样本进行实证分析，发现财政分权与地方政府规模正相关。进入21世纪以来，中国学者开始关注国内财政分权与地方政府规模之间的关系。例如，胡书东（2001）认为财政分权不能有效制约政府规模的扩张，之后的不同学者因采用的指标、数据、方法、时段有所不同，得出的结论不尽一致。

需要指出的是，大部分研究依然存在一定的局限性，即假设各样本之间彼此独立同分布，忽视了不同地区间的空间相关性。在市场经济条件下，劳动力、资金、技术及信息自由、快速流动，各区域向经济一体化飞速发展，区域经济各领域的发展表现出高度相关的特性。具体到政府规模上，至少存在两个方面的空间相互影响：第一，相邻地区间在部分支出上存在互补性，本地某项支出的增加可能导致相邻地区相应支出的减少，从而缩小其支出规模，如本地投巨资建设了高水平的医院和高校，使临近地区在其辐射范围之内，会降低临近地区政府在这方面投资的激励；第二，中国特有的地方官员激励结构，使本地经济增长具有特殊的重要性，在改善本地投资环境方面的支出上，地方政府之间存在竞争关系，本地支出增加，会带动其他地区相关领域支出的扩大。以上两种效应的存在，在传统回归分析中尚不能将其有效纳入考虑范围，可能导致回归结果出现偏误和无效。空间计量经济学方法通过将地区间的空间关系引入权重矩阵并纳入回归分析中，有效解决了空间相关性问题。

从研究领域来看，空间计量经济学已经逐步引入财政学相关领域研究，其中也涉及财政分权及政府间竞争的相关内容，但对财政分权与政府规模相关领域的分析相对较少；从实证方法来看，相关研究在方法运用还存在一些局限。例如，相关研究局限于截面数据分析；部分研究缺少探索性空间数据分析（exploratory spatial data analysis，ESDA）。进行探索性空间数据分析的目的在于检验研究对象之间是否存在空间相关关系。如果这种关系不存在，空间计量经济方法的应用即是多余，在空间相关性得到证实的基础上，空间计量分析才有意义；缺乏对选用空间模型的判断，不同的空间相关模式对应不同的空间模型，盲目使用会导致错误结果等。基于以上原因，本章力图应用空间计量经济学方法，实证研究中国财政分权与省级地方政府规模之间的关系。

6.1 中国省际地方政府规模空间格局演变

在本节中，将应用 ESDA 方法对中国省际地方政府规模的空间格局演化过程进行可视化描述，以期发现中国省际地方政府规模的空间集聚模式，并检验其空间结构及平稳性。ESDA 分析主要是证实空间相关的存在，为后面的证实性空间数据分析（confirmatory spatial data analysis，CSDA）提供依据。

6.1.1 全局自相关分析

全局自相关测度属性值在整个空间分布的总体特征。全局关联分析也是在应用空间计量经济学建模之前的必备检验，只有各区域的空间相关关系得到证实，应用空间计量经济学方法进行研究才有意义。即使用空间计量方法的前提是样本数据之间存在空间依赖性，通常使用"莫兰指数"（Moran's I）（Moran，1950）统计量进行全域空间自相关测度，判断空间位置要素的观测值与其周围的观测值之间的相关性，检验观测值与其空间滞后之间的自相关系数是否显著。如果存在显著的空间相关，则表明经典方法计算结果很可能会存在偏误，不应被采用。莫兰指数的取值一般在 $-1 \sim 1$，在给定的显著性水平（由 Z_I 值度量）下，I 大于 0

表示正相关，即地方政府规模大的省趋向于集聚在一起，政府规模小的省趋向于集聚在一起；I 小于 0 表示负相关，高的观测值趋向于和低的观测值集聚在一起，呈现高低相异格局。I 的绝对值越大，相关性越强。当 Moran's I 接近期望值时，则表明不存在空间自相关，观测值在空间上随机排列，这也表明支持空间相关性的证据不足，可用传统 OLS 计量方法开展分析。如式 6 - 1、式 6 - 2、式 6 - 3 所示：

$$I = \frac{n}{S_0} \frac{\sum_{i=1}^{n} \sum_{j=1}^{n} w_{ij}(y_i - \bar{y})(y_j - \bar{y})}{\sum_{i=1}^{n}(y_i - \bar{y})^2} \tag{6-1}$$

$$S_0 = \sum_{i=1}^{n} \sum_{j=1}^{n} w_{ij} \tag{6-2}$$

$$Z_I = \frac{I - E(I)}{\sqrt{VAR(I)}} \tag{6-3}$$

其中，w_{ij} 为空间权重矩阵 W 的元素，x_i 为省份 i 的地方政府规模，$\bar{y}$ 为所有省份地方政府规模的均值，n 为省份总数，S_0 是所有空间权重的聚合。在探索性空间分析中，本研究分别创建了后相邻（queen contiguity）和基于距离关系的空间权重矩阵。在后相邻关系下，观察对象中海南省作为"孤岛"没有相邻地区，$n = 30$。

2000～2019 年中国各省区市地方政府规模空间关联性的计算结果如表 6 - 1 所示。其中，绝对规模为当年地方财政一般预算支出，相对规模为绝对规模与当年本地生产总值的比重。

表6-1　　　中国各省区市地方政府规模全局 Moran's I 计算结果（2000～2019 年）

年份	绝对规模				相对规模			
	邻接空间矩阵		基于距离空间矩阵		邻接空间矩阵		基于距离空间矩阵	
	Moran's I	P 值	Moran's I	P 值	Moran's I	P 值	Moran's I	P 值
2000	0.11	0.069	0.06	0.118	0.28	0.004	0.284	0.001
2001	0.09	0.099	0.05	0.141	0.25	0.004	0.282	0.001
2002	0.10	0.090	0.03	0.185	0.25	0.002	0.322	0.001

续表

年份	绝对规模				相对规模			
	邻接空间矩阵		基于距离空间矩阵		邻接空间矩阵		基于距离空间矩阵	
	Moran's I	P 值	Moran's I	P 值	Moran's I	P 值	Moran's I	P 值
2003	0.16	0.037	0.07	0.089	0.23	0.003	0.284	0.001
2004	0.20	0.019	0.10	0.055	0.29	0.002	0.343	0.001
2005	0.20	0.021	0.09	0.065	0.24	0.003	0.301	0.001
2006	0.20	0.023	0.10	0.056	0.30	0.003	0.387	0.001
2007	0.20	0.02	0.10	0.056	0.27	0.004	0.351	0.001
2008	0.12	0.092	0.05	0.153	0.28	0.002	0.334	0.001
2009	0.12	0.092	0.06	0.125	0.34	0.002	0.411	0.001
2010	0.12	0.095	0.05	0.147	0.36	0.002	0.461	0.001
2011	0.15	0.060	0.07	0.104	0.32	0.005	0.436	0.001
2012	0.15	0.059	0.07	0.105	0.32	0.005	0.446	0.001
2013	0.14	0.069	0.07	0.105	0.33	0.004	0.447	0.001
2014	0.15	0.06	0.07	0.102	0.31	0.004	0.434	0.001
2015	0.15	0.053	0.07	0.107	0.32	0.004	0.461	0.001
2016	0.16	0.045	0.07	0.100	0.30	0.004	0.443	0.001
2017	0.15	0.053	0.06	0.108	0.32	0.004	0.453	0.001
2018	0.16	0.054	0.07	0.109	0.28	0.004	0.416	0.001
2019	0.17	0.048	0.08	0.083	0.28	0.004	0.421	0.001

从显著性上看，以绝对规模指标刻画的政府规模在 2000～2019 各年局域自相关检验的 P 值，按邻接空间矩阵均小于 0.1，基于距离空间矩阵的 P 值最高达 0.185，空间自相关不显著；而以相对规模指标刻画的政府规模在 2000～2010 各年局域自相关检验的 P 值，按邻接空间矩阵均小于 0.01，特别是基于距离空间矩阵的 P 值均小于 0.001，说明中国各省、市和自治区政府规模之间存在显著的空间自相关。从相对规模的莫兰指数上看，最低为 0.23（2003 年），最高为 0.36（2010 年），均大于 0，说明该时段下中国地方政府规模存在稳定的正向空间相关性，趋向于地方政府规模大的省、市和自治区趋向于集聚在一起，政府规模小的省、市和

自治区趋向于集聚在一起。因此，对 2000～2019 年的中国地方政府规模的相关研究应采用空间计量经济学方法。

6.1.2 局域自相关检验

全域空间自相关描述了整体范围内的空间自相关程度，但不能展现空间局部性质，可采用局域空间自相关判断观测值附近的空间自相关特征。局域空间自相关是由安塞林（Anselin，1995）对 Moran's I 统计量进行修改，进而提出来的局域空间自相关统计量，也被称为局部莫兰指数（local Moran's I）。对政府相关规模进行局部自相关检验，可考察各地方政府规模的关联方式与大小差异的空间特征，这种差异和特征可通过可视化的方式反映在 SHAPE 格式的地图中，更便捷地对地方政府规模空间联系的变化情况进行分析。局部莫兰指数计算公式为：

$$I_i = z_i \sum_{j=1, j \neq i}^{n} w_{ij} z_j \tag{6-4}$$

其中：
$$z_i = (y_i - \bar{y})/s \tag{6-5}$$

$$s = \sqrt{\sum_{i=1}^{n} (y_i - \bar{y})^2/(n-1)} \tag{6-6}$$

其中，z_i 和 z_j 为标准化后的相邻两省份的地方政府规模，用以表示各省份地方政府规模与均值的偏差程度。$\sum_{j \neq i}^{n} w_{ij} z_j$ 为相邻省份地方政府规模偏差的加权平均值，即空间滞后变量。全局相关中的 Z_I 统计量同样适用于局域自相关检验。事实上，局域自相关的莫兰指数即是全局自相关莫兰指数的分解形式，其数值加总等于全局值。局域莫兰指数的绝对值越大，研究省份与相邻省份地方政府规模之间的相关性越强。同时，莫兰指数的正负表征两省份地方政府规模之间相关的方向。

从以上公式可知，局域莫兰指数由地方政府规模的标准化值 z_i 和空

间滞后变量 $\sum_{j\neq i}^{n} w_{ij}z_j$ 组成。由于两者都有取正和取负的可能，所以可以得到两者关系的四种组合，对应着四种政府规模空间关联模式。

（1）"高—高"类型，$z_i > 0$，$\sum_{j\neq i}^{n} w_{ij}z_j > 0$。这种情况表示省份 i 与其相邻省份的地方政府规模都高于全国地方政府规模的均值，两省份地方政府规模彼此关联，都是地方政府规模较大的省份，记为 HH。

（2）"高—低"类型，$z_i > 0$，$\sum_{j\neq i}^{n} w_{ij}z_j < 0$。这种情况代表省份 i 地方政府规模低于全国地方政府规模均值；而与此相反，其相邻省份地方政府规模则高于全国均值。这类省份处于由政府规模较大省份向政府规模较小省份过渡的位置，记为 HL。

（3）"低—高"类型，$z_i < 0$，$\sum_{j\neq i}^{n} w_{ij}z_j > 0$。这种情况代表省份 i 地方政府规模小于全国地方政府规模均值；而与此相反，其相邻省份地方政府规模高于全国均值。这一省份处于由政府规模较小省份向政府规模较大省份过渡的位置，记为 LH。

（4）"低—低"类型，$z_i < 0$，$\sum_{j\neq i}^{n} w_{ij}z_j < 0$。这种情况表示省份 i 及其相邻省份的地方政府规模均低于全国地方政府规模的均值，这样的相邻省份间形成小地方政府规模省份带，记为 LL。

为进一步反映地方政府规模的局部空间特征，利用 GeoDa 软件计算了 Z 检验基础上（P≤0.05）各省区市 2000～2019 年政府相对规模的 LISA 值，展示地方政府相对规模局部空间关联演化情况，如表 6-2 所示。

与全局自相关分析相对应，地方政府规模较大的省份和地方政府规模较小的省份各自集聚，分野明显。"高—高"类型省份主要分布在西藏、新疆和青海，空间特征表现为自身政府相对规模较高，邻近省份政府相对规模也较高；"低—低"类型省份分布较广，主要包括北京、湖南、上海、江苏、安徽、江西、河北、河南、湖北、广东、浙江、山西、

表 6 - 2　2000～2019 年中国各省区市地方政府规模 LISA 值

省区市	2000	2001	2002	2003	2004	2005	2006	2007	2008	2009	2010	2011	2012	2013	2014	2015	2016	2017	2018	2019
北京市	LL	LL	LL	LL	LL	LL	LL	LL	LL	LL	LL	LL	LL	LL	LL	LL	HL	LL	LL	LL
天津	LL	LL	LL	LL	LL	LL	LL	LL	LL	LL	LL	LL	LL	LL	LL	LL	LL	LL	LL	LL
河北	LL	LL	LL	LL	LL	LL	HL	LL	LL	LL	LL	LL	LL	LL	LL	LL	LL	LL	LL	LL
山西	LL	LL		LL	LL	LL		LL	HL	LL	LL	LL	LL	LL	LL	LL	LL	LL	LL	LL
内蒙古			HL						HL											
上海	LL	LL	LL	LL	HL	LL	LL	LL	LL	LL	LL	LL	LL	LL	LL	LL	LL	LL	LL	LL
江苏	LL	LL	LL	LL	LL	LL	LL	LL	LL	LL	LL	LL	LL	LL	LL	LL	LL	LL	LL	LL
浙江	LL	LL	LL	LL	LL	LL	LL	LL	LL	LL	LL	LL	LL	LL	LL	LL	LL	LL	LL	LL
安徽	LL	LL	LL	LL	LL	LL	LL	LL	LL	LL	LL	LL	LL	LL	LL	LL	LL	LL	LL	LL
福建	LL	LL	LL	LL	LL	LL	LL	LL	LL	LL	LL	LL	LL	LL	LL	LL	LL	LL	LL	LL
江西	LL	LL	LL	LL	LL	LL	LL	LL	LL	LL	LL	LL	LL	LL	LL	LL	LL	LL	LL	LL
山东	LL	LL	LL	LL	LL	LL	LL	LL	LL	LL	LL	LL	LL	LL	LL	LL	LL	LL	LL	LL
河南	LL	LL	LL	LL	LL	LL	LL	LL	LL	LL	LL	LL	LL	LL	LL	LL	LL	LL	LL	LL
湖北	LL	LL	LL	LL	LL	LL	LL	LL	LL	LL	LL	LL	LL	LL	LL	LL	LL	LL	LL	LL
湖南	LL	LL	LL	LL	LL	LL	LL	LL	LL	LL	LL	LL	LL	LL	LL	LL	LL	LL	LL	LL
广东	LL	LL	LL	LL	LL	LL	LL	LL	LL	LL	LL	LL	LL	LL	LL	LL	LL	LL	LL	LL
贵州											LL						HL			
西藏	HH	HH	HH	HH	HH	HH	HH	HH	HH	HH	HH	HH	HH	HH	HH	HH	HH	HH	HH	HH
青海	HH	HH	HH	HH	HH	HH	HH	HH	HH	HH	HH	HH	HH	HH	HH	HH	HH	HH	HH	HH
新疆	LH	HH	HH	HH	HH	HH	HH	HH	HH	HH	HH	HH	HH	HH	HH	HH	HH	HH	HH	HH

注：未列在表中的其他省区市在 P≤0.05 下不显著，包括辽宁、吉林、黑龙江、广西、海南、重庆、四川、云南、陕西、甘肃、宁夏等。

天津、山东、福建等地，空间特征表现为政府相对规模较低且连片分布；"低—高"类型和"高—低"类型省份分布范围极少，前者见于2002年新疆，后者见于2002年和2008年内蒙古、2004年上海、2006年山西，以及2016年北京和贵州。总体而言，以相对支出指标度量的政府规模基本上表现为西部地区呈"高—高"集聚，东部呈"低—低"集聚，"东小西大"这一格局在此20年间基本没有改变。

从2000~2019年各省区市地方政府规模空间对比状态变化看，在20个呈现显著空间格局特征的省区市中，有7个省区市的地方政府规模发生了调整。其中，北京、山西、上海、广东和新疆是个别年份微调，不改变该地方政府规模的空间格局趋势；内蒙古和贵州仅个别年份呈现显著空间格局类型；天津、河北、江苏、浙江、安徽、福建、江西、山东、河南、湖北、湖南、西藏、青海等省区市的地方政府规模类型在研究时段内未发生变化，体现出稳定性。

全局自相关检验证实了各省份地方政府规模之间稳定且显著的空间相关性，为进一步的实证分析提供了可信依据。而局域自相关分析为东中西部及各省份地方政府规模之间的空间关系进行了直观刻画，发现了各省份地方政府规模间较为稳定的空间相关格局，为证实性空间数据分析提供了辅助参考。

6.2　财政分权与中国地方政府规模的关系

如前面所述，中国各地方政府规模之间存在空间相关性，应选用空间计量经济方法进行实证研究，即在探索性空间数据分析的基础上，进行证实性空间数据分析。空间计量经济学打破了地区间独立同分布的假定，将空间依赖性纳入计量经济分析。具体而言，空间相关分为空间实质相关和空间扰动相关，空间实质相关适用于相邻地区地方政府规模间相关关系对其他地区政府规模有影响时的情况，空间误差相关适用于不同地方政府规模共同受到社会、经济等因素的冲击时，这些不易测度的因素对因变量的影响使扰动项表现出类似序列相关的特征的情况。以上两种情况分别对应着空间自回归模型（spatial auto-regressive model，SAR）和空间误差模型（spatial error model，SEM）。

6.2.1　模型简介

空间自回归模型如下所示：

$$y = \rho W y + X\beta + \xi$$
$$\xi \sim N(0, \sigma^2 I_n) \tag{6-7}$$

该模型类似于时间序列中的滞后因变量模型，只不过将时间上的滞后因变量转换为空间上的滞后因变量，也称为空间滞后模型，它表征的是各地方政府规模之间的实质相关。

空间误差模型形式如下所示：

$$y = X\beta + u$$
$$u = \lambda W u + \xi$$
$$\xi \sim N(0, \sigma^2 I_n) \tag{6-8}$$

该模型表征的是误差项之间的相关性，因此它反映的不是空间实质相关，而是空间扰动相关。

在以上模型中，ρ、λ 是向量空间自回归模型参数，ξ 是 $n \times 1$ 阶误差向量，本研究中 $n = 30$，W 是 30×30 阶空间权重矩阵。y 为以支出指标测量的地方政府相对规模，X 为自变量。

矩阵设定是空间计量经济学的关键所在，因为如何设定矩阵就意味着如何将研究对象的空间关系纳入计量分析。式（6-7）中的 ρW 是对本地地方政府规模有影响的其他地区政府规模的加权平均，是虚拟的地方政府规模，正是通过这一自变量将地方政府规模间的相关关系纳入计量经济模型中。因此，ρ 的估计值及其显著性是表征地方政府规模的关键值。一般认为，地方政府支出之间既存在溢出效应又存在竞争效应，溢出效应源于地理距离的接近可以使本地减少部分设施的投资，如高质量的医院和高水平大学等；竞争效应是地方政府为改善经济增长条件而展开支出竞赛。据此，实证研究参照尹恒和徐琰超（2011）对于矩阵的设定方法来捕捉竞争效应。

对于空间效应的捕捉，采用地理邻接矩阵，这是传统的矩阵设定方法，认为相邻省份之间存在空间相关关系，非相邻省份之间则不具有相关关系，以此矩阵进行回归分析得到的结果是一种包含了溢出和竞争的混合效应，其元素如下：

$$\begin{cases} w_{ij}=1, \text{当两省相邻时} \\ w_{ij}=0, \text{其他} \end{cases}$$

对于竞争效应的捕捉，采用行政邻接矩阵，这种矩阵以地理邻接矩阵为参照，设定时其原则与邻接矩阵相反，通过不邻接设定效应空间距离接近而产生的溢出效应，使我们能更直观地发现竞争效应的影响，其元素如下：

$$\begin{cases} w_{ij}=1, \text{当两省书记级别相同且两省不相邻时} \\ w_{ij}=0, \text{其他} \end{cases}$$

之所以对竞争矩阵做这样的设定，是因为部分省份的省委书记是高配，地理不相邻排除了溢出效应，而两省书记级别相同则构成了竞争的基础[①]。后面关于基本公共建设支出的研究中也选用这两个矩阵。

OLS 方法估计空间模型会导致有偏和不一致，因此本章采用空间

---

① 一般而言，四个直辖市和广东、新疆两省区的书记由更高级别的领导人担任，虽然个别时段会有特殊情况出现，但我们默认了成规。

面板数据模型估计方法，通过 MATLAB7.01 中的空间计量工具箱调用程序实现。估计步骤与需要调用的程序包括：第一，找到因变量 y 的工具变量集合 H（包含 X 和 WX），进行面板数据最小二乘回归，得到残差；第二，利用第一步的残差进行极大似然检验，检验是否可排除空间实质相关和空间扰动相关，这一步骤由函数 LMsarsem_panel 实现；第三，固定效应与随机效应检验，在第二步检验结果基础上，确定应选用的空间相关模型，并分别与固定效应和随机效应相结合，进行空间回归，采用极大似然估计确定随机效应和固定效应的取舍；第四，将空间模型和效应类型结合起来进行回归分析，得到结果。第三步和第四部涉及的调用函数包括：sar_panel_FE、sar_panel_RE、sem_panel_FE 和 sem_panel_RE。

6.2.2　变量选取与数据来源

被解释变量为省级地方政府规模，本研究采用相对规模为地方财政决算支出与预算外资金支出之和占 GDP 的比重。模型解释变量包括核心解释变量财政分权度和其他控制变量。

需要指出的是，在以往关于财政分权度的研究中，不同的学者根据自身分析研究的需要，所设定的分权指标是不同的，大体上可以分别用财政收入和财政支出两个方面来衡量。但该指标的选择在学术界一直存在争议，使用不同的分权指标会使原结论发生显著改变。本研究参照省级分权指标的普遍做法，考虑以下几个衡量指标。

1. 省级支出分权（ZC）

省级支出分权定义为省人均预算内外财政支出与中央人均预算内外财政支出与省人均预算内外财政支出之和的比值，反映一个地区的财政分权程度。在相关研究中，马（Ma，1997）以省级政府在预算收入中保留的平均份额来衡量财政分权程度，林和刘（Lin and Liu，2000）采用省级政府在本省预算收入的边际分成率来衡量财政分权。从理论上，将财政分权是否促进或阻碍地区经济增长主要取决于分权体制下地方政府与地区经济之间的关系模式，传统的分权理论认为，地方政府较中央政府更具信息优势，对本地区公共投资的效率更清楚，发挥地方政府配置公共资源的职能更有经济效率，因此，衡量财政分权的真实程度应该与地方治理水平和自主财力程度是一致的。但对于中国的实际情况而言，从分税制改革以来，地方政府并没有确定税种、税率的权力，而且预算外收入的范围受到中央多次的调整和划分，2002年中央政府还启动了企业所得税收入分享改革，将地方政府所得税的50%上交中央。可以说，财政收入实际获取权力的缺失及其频繁变动影响了用财政收入衡量财政分权水平的可信性和有效性，且"在收入方面，中央和地方政府之间的分配为复杂的隶属关系所决定，因此这种分权不能真正反映不同层级政府可用的财政资源"（乔宝云，2002）。值得注意的是，分税制改革以来，中央对地方政府财政支出权力并没有上收，中央基本上对地方政府在财政支出结构安排方面很少真正起到实质性的影响。因此，用财政支出更能体现地方政府的实际分权（张晏，2005）。

2. 纵向财政不平衡（ZX）

纵向财政不平衡定义为中央补助收入与地方上解支出的差与省预算内外财政支出的比值。

3. 省内财政分权（IFD）

省内财政分权定义为省内地市及县级预算内支出总和与全省预算内支出的比值。

4. 人均地区生产总值（RGDP）

地方经济发展水平的提高，将带来更充足的财政来源，同时社会公众对公共产品和服务的需求也将增加，进而财政支出比率相应提高。因此，地方经济发展水平不同，财政收入与支出差别较大，政府规模可能存在系统差异。

5. 城镇化率（UL）

由于农村与城镇对公共物品的偏好不同、医疗教育等公益事业的投资强度不同等原因，可能会造成相关公共支出差异，从而导致地方政府规模不同。计算方法为年底城镇人口占总人口比重。

6. 开放度（OP）

经济开放度的提高将导致一国经济更容易受到外部冲击的影响，从而促进本国政府通过增加财政支出规模和调整支出结构来抵御外部风险。计算方法为进出口总额占国内生产总值比重。

7. 产业结构（IS）

产业结构的不同会影响地区支出差异，计算方法为地区生产总值中的第二产业增加值比重。

8. 人口规模（RK）

人口规模增加可以带来规模经济效应从而有助于降低公共服务提供成本，避免政府规模膨胀，但同时也会加剧公共服务偏好的异质性，从而带来较大的财政支出压力。我们采用常住人口的对数值计量。

本研究选用的数据主要来源于《中国统计年鉴（2001－2020）》

《中国财政年鉴（2001－2011）》，城镇化数据来源于各省统计年鉴、各年《全国地市县财政统计资料》《新中国 60 年统计资料汇编》。因为多个省份在 2005 年调整成常住人口，本数据结合城镇人口或非农人口除以各省份年末总人口所得。进出口总额按期末汇率换算，所有价值指标已调整为 2000 年可比价格。

6.2.3　研究假设

以下是力图反映中国地方政府和财政分权实际情况的命题。

命题 1：中国省级政府官员是由中央政府提名后进行选择，因而也注重向上负责。

地方政府官员通过增加支出来实现基础设施的改善，以吸引资本，在此项得到优先满足的基础上改善科教文卫条件，缩减行政支出，提高政府绩效。这样做首先可以在中央政府面前展现良好的绩效；其次可以通过实现更为容易的就业和更加便利的生活设施提升民众幸福度。

命题 2：地方政府倾向于获取更多中央转移支付用于经济支出。

中国地方政府没有法定的征税权，虽然也可以通过一些隐晦的优惠政策给予投资本地的企业减免税收促进经济增长，但他们更倾向于向中央政府求取更多的转移支付，而这部分转移支付一般会优先安排在经济建设支出上。出于监督需要，中央政府倾向于安排专项转移支付用于公共管理改善，对行政长官任期内的经济绩效影响较小。因此，省级政府则往往以更了解地方发展实际为由，积极要求更多的一般性转移支付用于经济发展。

命题 3：市县级政府贴近基层，更为了解辖区居民的公共品需求；省内及市内生产要素（包括人口）流动更为频繁。

同一省内不同城市之间特别是同一市内各县域之间频繁的生产要素

流动，为县与县之间竞争的指向设置了前提，除了经济性支出之外，科教文卫体等社会性支出在吸引生产要素上也有重要的作用。更为重要的是，市县两级政府紧贴基层居民，在信息传递上失真较少，居民真实需求得以较为完整反映，这有益于此两层级政府通过更好地满足需求而改善绩效，节约成本；另外，市县两级官员与居民距离也更近，他们也因此更重视居民对其声誉的评价，这也有益于政府绩效的提高，降低提供公共服务的成本。

在以上 3 个命题的基础上，提出如下假设：

假设 1：无论是地理矩阵还是行政矩阵，省级地方政府之间都会以彼此为参照，竞相增加支出，导致地方政府规模扩大；

假设 2：省内财政支出分权度的提高有利于抑制地方政府规模增长。

6.2.4 实证结果分析

1. 经典线性模型回归

前面计算莫兰指数表明，地方政府规模之间存在空间相关性，应选用空间计量经济学方法进行估计。按照空间计量经济学的步骤，首先确定空间模型的选用，需要进行 OLS 回归和残差检验，表 6 - 3 为经典线性模型回归结果。

表 6 - 3　　　　　　财政分权与地方政府规模经典线性模型回归估计结果

变量名	回归系数
常数项（cons）	- 0. 307 *** （0. 004）
省级支出分权（ZC）	1. 190 *** （0）
纵向不平衡（ZX）	0. 231 *** （0）
省内支出分权（IFD）	- 0. 055 * （0. 080）
人均国内生产总值（RGDP）	0. 008 （0. 113）
城镇化率（UL）	- 0. 625 *** （0）

续表

变量名	回归系数
开放度（OP）	0.044 *** （0.006）
产业结构（IS）	-0.348 *** （0）
人口规模（RK）	-0.004 （0.600）
R^2	0.851
$\overline{R}^2$	0.847
loglikols	509.71

注：*、*** 分别表示在10%、1%显著水平上显著。

从回归结果来看，调整拟合优度达到 0.847，较好地解释了地方政府规模的变化。支出分权和纵向不平衡不但没有限制地方政府规模，反而促进了其规模的扩大。省内财政分权在 10% 水平上显著，限制了地方政府规模扩张，但回归系数较小，为 -0.055。开放度也会促进政府规模扩大，而城镇化率、第二产业比重和人口规模则降低地方政府规模，人均国内生产总值的作用则不显著。

2. 地理矩阵

OLS 的回归结果因空间相关性的存在而可能有偏和不一致，因此只能作为参考。进行 OLS 回归的目的在于对其残差进行空间关联模式检验，检验结果如表 6-4 所示。

表 6-4　　地方政府规模地理邻接矩阵空间模式检验结果

检验项目	检验结果
LM test no spatial lag, probability	12.23 *** （0.001）
robust LM test no spatial lag, probability	24.33 *** （0）
LM test no spatial error, probability	1.50 （0.221）
robust LM test no spatial error, probability	13.59 *** （0）

注：*** 表示在1%显著水平上显著。

从表 6-4 中 OLS 回归残差的稳健极大似然检验来看，虽然结果更倾向于空间滞后相关，但同时也不能排除空间误差相关存在的可能性，因此，应选用两种模型进行回归分析。

下面进行固定效应与随机效应检验，由于两种空间关联模式的存在性均不能否定，所以需要对空间滞后模型＋固定效应与空间滞后模型＋随机效应、空间误差模型＋固定效应与空间误差模型＋随机效应分别进行检验和比较，以确定是选取固定效应还是随机效应。检验方法为空间hausman 检验（下同），检验结果如表6－5所示。

表6－5　　　　　　　　固定效应与随机效应检验结果

检验项目	空间滞后模型	空间误差模型
固定效应 LR-test joint significance	429.3 *** （0）	412.6 *** （0）
随机效应 LR-test joint significance	211.2 *** （0）	202.9 *** （0）
Hausman test FE versus RE	－74.8 *** （0）	－95.8 *** （0）

注：*** 表示在1%显著水平上显著。当固定效应 LR-test joint significance 中的概率大于0.05时，拒绝随机效应；当随机效应 LR-test joint significance 中的概率大于0.05时，拒绝固定效应；Hausman test 中的概率大于0.05时，拒绝随机效应选取固定效应，反之亦反，下同。

从以上检验结果来看，无论是选用空间滞后模型还是空间误差模型，均不能拒绝固定效应和随机效应，但 Hausman 统计量显示更倾向于随机效应而非固定效应。这一结果反映出相关研究若直接选用固定效应则具有一定盲目性。

在确定了本模型选用随机效应后，即可对模型进行回归分析，回归结果如表6－6所示。

表6－6　　　　财政分权与地方政府规模随机效应估计结果：地理矩阵

变量名	空间滞后模型		空间误差模型	
	参数	P 值	参数	P 值
W * dep. var.	0.528 ***	0		
常数项	－0.120	0.464	0.068	0.675
省级支出分权	0.749 ***	0	0.887 ***	0
纵向不平衡	0.005	0.875	0.036	0.334
省内支出分权	－0.097 ***	0	－0.095 ***	0
人均 GDP	－0.003	0.368	－0.003	0.603

续表

变量名	空间滞后模型		空间误差模型	
	参数	P 值	参数	P 值
城镇化率	− 0.214 ***	0	− 0.362 ***	0
开放度	0.003	0.856	− 0.012	0.500
产业结构	− 0.097	0.103	− 0.172 ***	0.004
人口规模	− 0.017	0.340	− 0.029 **	0.048
spat. aut.			0.584 ***	0.009

注： *** 表示在1%显著水平上显著。

从回归结果来看，地方政府规模之间存在显著的空间相关性，相邻地方政府规模增加1%，本省地方政府规模增加0.528%，空间实质影响相当大；而从扰动相关来看，扰动系数达到0.584，并且也在1%的水平上显著，说明空间扰动影响不容忽视。考虑空间相关性后，回归结果与OLS回归相比发生了部分变化：纵向不平衡和开放度对地方政府规模的影响不再显著，其他依然保持显著性的变量回归系数发生了较大变化。在两模型中，省级支出分权促进了地方政府规模扩张，省内支出分权则抑制地方政府规模扩张，而城镇化率对政府规模有抑制作用。在空间滞后模型中，产业结构和人口规模对政府规模的作用不显著，但在空间误差模型中，人口规模抑制了政府规模扩张。

从回归系数看，无论是空间滞后模型还是空间误差模型，省级支出分权对地方政府规模的影响都很大，分别达到0.749和0.887，而纵向不平衡对地方政府规模的影响则较小，即使是显著的，对地方政府规模的扩张作用也有限，回归系数分别为0.005和0.036，较大值也未超过0.04。

人均GDP对地方政府规模具有很小的负向影响且不显著，而城镇化率则显著抑制了政府规模扩大，这一结果并不符合预期。这可能主要源于中国近年来快速的经济增长与政府公共支出的刚性同时并存，以及城镇化所带来的人口聚集导致了正外部性的公共品形成规模效应，节省了支出成本。

综上所述，两个研究假设均得到证实，地方政府间互为参照竞相增加支出，而省内财政支出分权则显著抑制了地方政府规模扩张。纵向不平衡对地方政府规模的影响系数为正，但其值很小且不显著。

一般认为，地方政府间存在策略互动行为，主要包括：（1）财政政策外溢效应，即地方政府间的财政政策的辖区外溢效应会直接改变其他辖区政府偏好，从而导致地方政府行为具有明显的空间依赖性；（2）财政竞争效应，即地方政府在地区竞争中通过财政手段争夺有利于本地区社会经济发展的稀缺资源，从而表现为行为上的策略互动；（3）标尺竞争效应，即由于存在信息外溢性，公众会以其他地区政府行为表现作为本地区政府绩效的评判标准，从而产生一种标尺效应，使本地区政府在制定财政政策时，不得不考虑其他地区政府的行为。第二种效应和第三种效应往往难以区分，因此，在下一节中，我们以基本公共建设支出为例，主要选用地理邻接矩阵和行政矩阵来分别捕捉混合效应以及第二、第三种效应。

3. 实证结果分析——行政矩阵

因循与上节同样的方法，首先进行空间关联模式检验，检验结果如表 6 - 7 所示。

表 6 - 7　　　　　　　地方政府规模行政矩阵空间模式检验结果

检验项目	检验结果
LM test no spatial lag, probability	3. 25 *　（0. 072）
robust LM test no spatial lag, probability	5. 64 **　（0. 018）
LM test no spatial error, probability	0. 14（0. 712）
robust LM test no spatial error, probability	2. 53（0. 112）

注：* 、** 分别表示在 10% 、5% 显著水平上显著。

从上表 OLS 回归残差的稳健极大似然检验来看，结果更排除了空间

误差相关，但不能排除空间滞后相关存在的可能性，因此，应选用空间
滞后模型进行回归分析。

下面进行固定效应与随机效应检验，由于空间误差相关的存在性已
被否定，所以只需要对空间滞后模型＋固定效应与空间滞后模型＋随机
效应进行检验和比较，以确定是选取固定效应还是随机效应。检验结果
如表6－8所示。

表6－8　　　　　　　　　　固定效应与随机效应检验结果

检验项目	空间滞后模型
固定效应 LR-test joint significance	396. 1 *** （0）
随机效应 LR-test joint significance	150. 8 *** （0）
Hausman test FE versus RE	－ 71. 9 *** （0）

注：*** 表示在1%显著水平上显著。

从以上检验结果来看，Hausman 统计量显示更倾向于随机效应而非固
定效应。

在确定了本模型选用随机效应后，即可对模型进行回归分析，回归
结果如表6－9所示。

表6－9　　　　　　财政分权与地方政府规模随机效应估计结果：行政矩阵

变量名	空间滞后模型	
	参数	P 值
W ∗ dep. var.	0. 183 **	0. 045
常数项	－ 0. 170	0. 257
省级支出分权	1. 014 ***	0
纵向不平衡	0. 094	0. 009
省内支出分权	－ 0. 105 ***	0. 001
人均 GDP	0	0. 907
城镇化率	－ 0. 392 ***	0
开放度	－ 0. 003	0. 857
产业结构	－ 0. 120 *	0. 075
人口规模	－ 0. 020	0. 165

注：* 、** 、*** 分别表示在10% 、5% 、1% 显著水平上显著。

从回归结果来看，地方政府规模之间也存在显著的空间相关性，存在竞争关系的地方政府规模增加 1%，本省地方政府规模增加 0.183%，空间实质影响较大。这一回归系数低于地理邻接矩阵中的 0.528，可能是以下两个原因造成的：一是按照地理学第一定律，临近省份的情况对本省的影响更大，而非相邻省份的影响较小；二是临近省份间的正向溢出效应相对较大，如在公路建设等方面的合作。省内支出分权对地方政府规模的抑制作用增强且保持了显著性。

6.3　财政分权与基本公共建设支出的关系

地区间公共支出相互影响的开创性经验研究始于凯斯（Case et al.，1993），他们使用美国州一级的数据估计了一个支出决定方程，发现美国各州间的人均公共支出存在显著的正相关关系。从此之后，国外检验地方政府间财政政策互动的实证研究迅速丰富和发展起来。近年来，国内学者也对这一领域产生了兴趣，李永友和沈坤荣（2008）分别分析了我国 1995 年和 2005 年的省级数据，发现 1995 年地方政府间的基本建设支出不存在显著相关关系，而 2005 年则出现了显著且稳健的策略互补。王守坤和任保平（2008）发现中国省级政府的财政行为具有显著的策略性和正向相关性。赵为民和谭荣华（2016）考察了地区间财政政策的相互影响。认为地方政府税收竞争选择物理空间相邻的地区为对象，支出竞争选择经济发展水平相近的地区为对象，地区政府主动进行税收竞争和基本建设支出竞争。

因循上节的研究方法和数据，本研究将采用地理邻接矩阵和行政矩阵测度地方政府间基本公共建设支出的溢出效应与竞争效应，以证明地方政府规模之间的相互影响及其影响方式。限于数据的可得性，本节利用 2000 ~ 2006 年基本公共建设支出相对规模的面板数据进行实证分析。

6.3.1　探索性空间数据分析

在后相邻和基于距离关系的空间权重矩阵下，采用全局莫兰指数初步检验 2000 ~ 2006 年中国各省区市基本公共建设支出空间关联性，其计算结果如表 6 - 10 所示。

表 6 - 10　　　中国各省区市基本公共建设支出全局 Moran's I
计算结果（2000 ~ 2006 年）

年份	邻接空间矩阵		基于距离空间矩阵	
	Moran's I	P 值	Moran's I	P 值
2000	0.154	0.012	0.171	0.005
2001	0.176	0.014	0.235	0.001
2002	0.187	0.010	0.305	0.001
2003	0.111	0.015	0.195	0.001
2004	0.154	0.014	0.261	0.001
2005	0.112	0.022	0.183	0.002
2006	0.131	0.022	0.221	0.001

从显著性上看，2000 ~ 2006 各年全局自相关检验的 P 值在邻接空间矩阵和距离空间矩阵下分别在 5% 和 1% 水平上显著，表明中国省级地方政府基本公共建设支出之间存在显著的空间自相关。距离空间矩阵下，莫兰指数最低为 0.171（2000 年），最高为 0.305（2002 年），均大于 0，且总体呈提高态势，说明研究时段内中国地方政府间基本公共建设支出存在稳定的、递增的正向空间相关性。进而，2000 ~ 2006 年的中国地方政府基本公共建设支出相关研究应采用空间计量经济学方法。

6.3.2　变量选取、数据来源与研究假设

模型解释变量与数据来源与上节一致，包括核心解释变量财政分权度和人均国内生产总值（RGDP）、城镇化率（UL）、开放度（OP）、产业结构（IS）、人口规模（RK）等 5 个控制变量。财政分权度仍采用省级支出分权（ZC）、纵向财政不平衡（ZX），以及省内财政分权（IFD）3 个指标进行度量。

基于与上节相同的命题，提出如下研究假设：

假设 1：存在竞争关系的地方政府基本公共建设支出水平互为参照，竞相提高；

假设 2：纵向不平衡程度增加有利于基本公共建设支出水平提高。

6.3.3　实证结果分析

财政分权与基本公共建设支出的经典线性模型回归结果如表 6 – 11 所示。

表 6 – 11　　　　财政分权与基本公共建设支出经典线性模型估计结果

变量名	回归系数
常数项（cons）	2.070 *** （0.008）
省级支出分权（ZC）	5.482 *** （0）
纵向不平衡（ZX）	1.802 *** （0）
省内支出分权（IFD）	0.721 *** （0）
人均国内生产总值（RGDP）	0.258 *** （0）
城镇化率（UL）	− 0.713 ** （0.032）
开放度（OP）	0.500 *** （0）
产业结构（IS）	− 1.161 *** （0.001）
人口规模（RK）	− 0.241 *** （0）
R^2	0.899
$\overline{R}^2$	0.895
loglikols	− 32.34

注：*** 表示在 1% 显著水平上显著。

从回归结果来看，调整后的拟合优度达到 0.895，较好地解释了地方政府基本公共建设支出的变化。所有解释变量均在 1% 和 5% 的水平上显著。省级支出分权、纵向不平衡和省内支出分权对地方政府基本公共建设支出具有显著地推动作用，促进了地方政府规模的扩大，人均国内生产总值和开放度也促进了政府基本公共建设支出的增加，而城镇化率、第二产业比重和人口规模则降低了地方政府基本公共建设支出的规模。应用地理邻接矩阵进行 OLS 回归残差的空间关联模式检验，检验结果如表 6-12 所示。

表 6-12　　　地方政府基本公共建设支出空间模式检验结果：地理矩阵

检验项目	检验结果
LM test no spatial lag, probability	1.290（0.256）
robust LM test no spatial lag, probability	0.293（0.588）
LM test no spatial error, probability	9.034 *** （0.003）
robust LM test no spatial error, probability	8.037 ** +（0.005）

注：*** 表示在 1% 显著水平上显著。

从上表来看，OLS 回归残差的稳健极大似然检验结果显示空间滞后相关存在的可能性不大，而空间误差相关存在的可能性较大，概率高于 99%，这一结果实际上指示空间实质相关不存在，而混合效应所指向的空间误差模型回归结果只能提供地方政府规模之间扰动相关的情况。

应用行政矩阵进行 OLS 回归残差的空间关联模式检验，检验结果如表 6-13 所示。

表 6-13　　　地方政府基本公共建设支出空间模式检验结果：行政矩阵

检验项目	检验结果
LM test no spatial lag, probability	63.62 ***（0）
robust LM test no spatial lag, probability	35.77 ***（0）
LM test no spatial error, probability	40.84 ***（0）
robust LM test no spatial error, probability	13.00 ***（0）

注：*** 表示在 1% 显著水平上显著。

基于空间视角的中国财政分权与地方政府规模研究

从上表来看，OLS 回归残差的稳健极大似然检验结果显示空间滞后相关和空间误差相关均不能排除，两种空间联系存在的概率均高于99%，因此，竞争效应测度需考虑应用空间滞后模型和空间误差模型进行回归分析。

下面进行固定效应与随机效应检验，这需要分类进行，在地理矩阵下，因仅存在空间误差相关，所以只需进行空间误差模型下固定效应与随机效应的检验，检验结果如表6－14所示。

表6－14　　　　固定效应与随机效应检验结果：地理矩阵

检验项目	空间误差模型
固定效应 LR-test joint significance	267.9 *** （0）
随机效应 LR-test joint significance	124.1 *** （0）
Hausman test FE versus RE	－144.2 *** （0）

注：*** 表示在1%显著水平上显著。

从以上检验结果来看，Hausman 统计量显示更倾向于随机效应而非固定效应（$p = 0.000 < 0.05$）。

在行政矩阵下，因空间滞后相关和空间误差相关均存在，因此需进行两种模型设定下固定效应与随机效应的检验，检验结果如表6－15所示。

表6－15　　　　固定效应与随机效应检验结果：行政矩阵

检验项目	空间滞后模型	空间误差模型
固定效应 LR-test joint significance	222.9 *** （0）	246.6 *** （0）
随机效应 LR-test joint significance	82.5 *** （0）	86.7 *** （0）
Hausman test FE versus RE	92.7 *** （0）	－39.7 *** （0）

注：*** 表示在1%显著水平上显著。

从以上检验结果来看，无论是空间滞后模型还是空间误差模型，Hausman 统计量显示更倾向于随机效应而非固定效应（$p = 0.000 < 0.05$）。

在确定了应选用的空间模型和固定（随机）效应后，即可对模型进行回归分析。根据以上检验结果，相关回归应选用空间误差模型＋随机效应，回归结果如表 6 - 16 所示。

表 6 - 16   财政分权与地方政府基本公共建设支出估计结果：地理矩阵

变量名	空间误差模型 + 随机效应	
	参数	P 值
常数项	− 0.300	0.793
省级支出分权	8.081 ***	0
纵向不平衡	1.106 ***	0
省内支出分权	− 0.015	0.944
人均 GDP	0.182 ***	0.001
城镇化率	− 0.376	0.361
开放度	0.190	0.109
产业结构	0.153	0.755
人口规模	− 0.161 *	0.079
spat. aut.	0.438	0

注：* 、*** 分别表示在 10%、1% 显著水平上显著。

从回归结果来看，地方政府基本公共建设支出之间存在显著的空间扰动相关，扰动系数达到 0.438，并且也在 1% 的水平上显著，说明空间扰动影响不容忽视。考虑空间扰动相关后，支出分权、纵向不平衡和人均国内生产总值对地方政府基本公共建设支出表现出显著的促进作用，除人口规模外，其他变量不再显著。

根据前述检验结果，地方政府基本公共建设支出之间存在竞争效应。在确定了本模型选用随机效应后，即可对模型进行回归分析，回归结果如表 6 - 17 所示。

表 6 - 17   财政分权与地方政府基本公共建设支出随机效应
估计结果：行政矩阵

变量名	空间滞后模型		空间误差模型	
	参数	P 值	参数	P 值
W * dep. var.	0.314 ***	0		
常数项	− 0.371	0.708	0.314	0.793

续表

变量名	空间滞后模型		空间误差模型	
	参数	P 值	参数	P 值
省级支出分权	7.495 ***	0	8.194 ***	0
纵向不平衡	0.725 ***	0.002	0.734 ***	0.009
省内支出分权	− 0.283	0.206	− 0.354	0.105
人均 GDP	0.140 ***	0.007	0.158 ***	0.006
城镇化率	− 0.812 *	0.057	− 0.772 *	0.088
开放度	0.130	0.197	0.293 **	0.015
产业结构	− 0.077	0.874	0.140	0.790
人口规模	− 0.203	0.022	− 0.171 *	0.072
spat. aut.			0.581 ***	0

注: * 、** 、*** 分别表示在10%、5%、1%显著水平上显著。

从以上回归结果来看，地方政府基本公共建设支出之间存在显著的空间实质相关，相关系数高达0.314；同时也存在着严重的空间扰动相关，扰动系数为0.581。两种空间模型设定下，各变量呈显著的回归系数符号均一致，系数值大小相差不多。在回归系数显著的变量中，省级支出分权与纵向不平衡均对地方政府基本公共建设支出扩大具有正向影响，而省内财政分权的作用则不显著。此外，人均 GDP 也会推动基本公共建设支出的增加，而城镇化率则会显著抑制基本公共建设支出增加。

综上，两个研究假设得到证实，而省内支出分权对基本公共建设支出的影响则是不显著的。

6.4　财政分权与劳动力要素市场的关系

如前面实证研究结果所示，财政分权对地方政府规模扩大具有正向作用，这与多数学者的研究一致。市场经济和对外开放条件下，在地方政府规模扩张的影响因素中，劳动力流动往往扮演着重要角色。本研究运用地理加权回归模型（GWR）和时空地理加权回归模型（GTWR），依托 2000 ~ 2018 年共 19 年的数据，实证检验财政分权与劳动力市场一体化的关系。

6.4.1　探索性空间数据分析

为了考察省际劳动力要素市场一体化的时空特征，本研究基于相对价格法，采用非私营单位与私营单位就业人员平均工资数据对劳动力要素市场一体化水平进行测度，并在探索性空间分析中创建了后相邻关系[①]的空间权重矩阵。

1. 劳动力要素市场一体化测度

相对价格法把工资视为劳动力价格的最直接表现形式，在计算各地区劳动力相对工资方差基础上，构造一体化指数或分割指数，既可以综合劳动力要素市场中不同行业的工资信息从而使评价更客观全面，同时也能刻画工资随时间变动的趋势。

根据相对价格法原理，首先获取不同地区各行业在同一时期的劳动力价格配对组合，计算相对价格 $\Delta Q_{ijt}^{h} = |\ln(P_{it}^{h}/P_{jt}^{h})|$。其中 i 和 j 代表两个不同地区，t 代表某一年度，h 代表某一行业。其次用去均值（demean）法（Parsley and Wei，2001）计算各行业相对工资与其平均值的差值，即 $q_{ijt}^{h} = \Delta Q_{ijt}^{h} - |\bar{Q}_{t}^{h}|$，以剔除各行业劳动力异质性导致的不可加效应，$q_{ijt}^{h}$ 即为不同地区间所有行业劳动力相对价格，且仅与市场分割因素

---

① 创建后相邻矩阵关系，主要考虑对于跨省份流动的劳动力而言，在相同收入差距下，流出地和流入地是否邻近不仅反映流动的直接交通成本，更反映因距离不同而存在的气候、水土等自然条件差异以及饮食、语言、风俗、习惯等社会文化差异，并最终反映在心理成本上。相邻两地间的流动，其直接成本和心理成本相对较低。

和一些随机因素相关。再次，计算 q_{ijt}^h 的样本方差作为两地间劳动力要素市场分割指数，即 $S_{ijt} = var(q_{ijt}^h)$。以地区为单位，合并其与其他地区的市场分割指数以得到本地指数，即 $S_{it} = \sum_{j=1} S_{ijt}/F$，其中 F 代表区域内除观察地 i 以外地区的个数。最后，构造一体化指数，取分割指数倒数的平方根，即 $Integ_{it} = \sqrt{1/S_{it}}$。由于市场一体化程度与市场分割指数之间是反向关系，根据劳动力要素市场一体化指数内涵，其数值越大，表明地区间相对价格的套利区间即工资差异越小，市场一体化水平越高。

在工资指标方面，分别以私营部门和非私营部门行业工资刻画工竞争性工资和混合性工资。无论两部门权重如何，两部门指数之和所反映的省际劳动力要素市场一体化总体趋势都不会发生变化，因此选择两部门指数简单加总值反映本省份劳动力要素市场一体化程度，所有地区算术平均值可表征全国劳动力要素市场一体化水平。其中，非私营单位工资数据在各年度统计年鉴中均有统计且口径一致，私营单位工资数据自2009年开始由国家统计局定期公布，研究将考察时段确定为 2009～2018年。

上述工资数据源自 2010～2019 年《中国统计年鉴》中 30 个省份（不含西藏和港澳台地区）"按行业分城镇私营单位就业人员平均工资"，以及"按行业分城镇非私营单位就业人员平均工资"中 18 个行业的工资数据。并且，本研究对名义工资按本地居民消费价格指数进行平减，得到各省具有可比的实际工资水平，样本容量涵盖了私营和非私营两类单位 2009～2018 年 30 个省份 18 个行业就业人员的工资数据，共计 $2 \times 10 \times 30 \times 18 = 10800$ 条。

图 6-1 展示了 2009～2018 年全国劳动力要素市场一体化测度值。可观察到全国劳动力要素市场一体化水平自研究初始年份开始稳步提高，至 2016 年达到峰值，2017 年开始出现下降，到 2018 年时其水平与 2013 年相近，总体呈现先稳步提高后略有下降的演变态势。

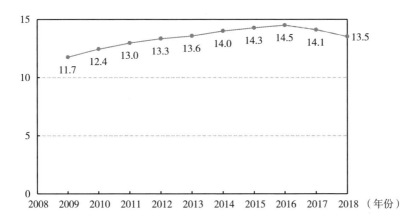

图 6 - 1　2009～2018 年全国劳动力要素市场一体化测度值

2. 劳动力要素市场一体化空间分布特征

（1）各省份劳动力要素市场发展不一，分割与一体化并存。图 6 - 2 展示了 30 个省区市 2009～2018 年劳动力要素市场一体化测度值及全国平均水平。从各省区市年均值绝对水平排序看，4 个直辖市除重庆略高于全国水平外，北京、上海、天津均低于全国平均水平 20% 以上，广东、黑龙江、浙江、贵州的市场一体化水平低于全国平均水平 10%～20%，江西、湖北、宁夏、江苏、内蒙古高于全国平均水平 10%～25%，其余省区市与全国水平相仿，差距在 10% 以内。

从劳动力要素市场一体化水平提升的相对速度看，可划分为三类：一为分割型，主要指一体化指数水平提升年均增速为负从而在所研究时段内呈现分割趋势，包括北京、山东、福建、黑龙江 4 省市，其增速均在 -1.5% 以内；二为加速型，主要指一体化指数水平提升年均增速高于全国 1.6% 水平的省区市，增速由慢到快依次为内蒙古、天津、青海、宁夏、浙江、河南、四川、陕西、甘肃、贵州、湖北和云南，增速区间在 1.8%～6.5%；三为慢速型，主要指一体化指数水平有提升趋势但低于全国水平的省区市，增速由慢到快依次为湖南、江西、上海、安徽、吉林、

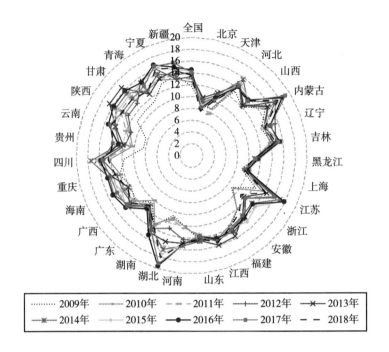

图6－2   2009～2018年30个省区市劳动力要素市场一体化测度值及

全国平均水平（单位：%）

河北、辽宁、重庆、海南、广东、广西、新疆、山西和江苏，增速区间
在0.1%～1.5%。

（2）省际劳动力要素市场存在显著正向空间自相关。2015～2018年
省际劳动力要素市场一体化空间关联性的计算结果如表6－18所示，
Moran's I 统计值均通过5%的显著性水平检验，显著程度较高，说明30
个省区市劳动力要素市场一体化水平在该时段内存在显著正向空间自相
关。由此判断，劳动力要素市场一体化水平存在空间正相关性，具有较
高（低）一体化程度的省区市通常与附近较高（低）一体化程度的省区
市相邻近，存在一体化集聚。根据表6－18，Moran's I 统计值从2015年
的0.1887增加到2016年的0.2086，再微降到2017年的0.1955，然后又
攀升到2018年的最高水平0.2334，表明省际劳动力要素市场一体化水平
的空间集聚程度呈现总体增强趋势。

表 6 - 18　　　　　　　中国 30 个省区市劳动力要素市场一体化全局

Moran's I 计算结果

年份	Moran's I	均值	标准差	P 值
2015	0.1887	− 0.0317	0.1209	0.042
2016	0.2086	− 0.0296	0.1194	0.028
2017	0.1955	− 0.0284	0.1219	0.040
2018	0.2334	− 0.0287	0.1217	0.021

6.4.2　模型简介

一般空间计量全局模型，是在假定观测值具有空间同质性基础上归纳总结全域范围变量间的关系规律，财政分权对要素市场一体化的影响规律可能因为观测点地理位置的不同而有所差异，体现为空间非平稳性，本研究尝试运用地理加权回归模型以避免因同质性假设无法满足导致估计结果的失真。

地理加权回归模型见式（6 - 9），其核心建模思路是对不同地区给予不同的参数。

$$y_i = \beta_0(u_i, v_i) + \sum_{k=1}^{m} x_{ik}\beta_k(u_i, v_i) + \varepsilon_i \quad i = 1, 2, \cdots, 30, k = 1, 2, \cdots, m$$

$$(6 - 9)$$

允许变量系数根据空间位置的不同而发生变化，能够很好地利用研究对象的地理信息，但其不足在于仅能进行截面回归，当需要估计的参数过多时，将极大损失参数估计的精度。针对这一不足，本研究选择适于面板数据的时空地理加权回归模型，在地理加权回归模型基础上将时间赋值到局部样本点数据集上，求解局部样本点 i 的参数，充分利用较长时期内的省份数据，提高参数估计的准确性，见式（6 - 10）。

$$y_i = \beta_0(u_i, v_i, t_i) + \sum_{k=1}^{m} x_{ik}\beta_k(u_i, v_i, t_i) + \varepsilon_i$$

$$i = 1, 2, \cdots, 30; k = 1, 2, \cdots, m \qquad (6 - 10)$$

式（6-10）中，(u_i, v_i)为样本点 i 的地理空间坐标，x_{ik} 表示样本点 i 在第 k 个自变量 x 的观测值，ε_i 为误差项。

GWR 与 GTWR 模型估计见式（6-11），其中空间权重矩阵 W 的元素计算由空间带宽、核函数、距离计算公式三个因素确定，本研究借鉴黄等（Huang et al.，2010）的办法，基于自适应带宽（adaptive bandwidth）、高斯（gaussian）核函数和欧式距离（euclidean distance）构建，并以 AICc 准则来确定。

$$\hat{\beta}(u_i, v_i) = [X^T W^T W X]^{-1} X^T W^T W Y \qquad (6-11)$$

6.4.3 变量选取与数据来源

模型解释变量包括核心解释变量财政分权度、市场化程度和其他控制变量。被解释变量 y 为省际劳动力要素市场一体化指数。

1. 财政分权度

采用以下三个衡量指标：（1）财政支出分权度（FDE），以人均省级财政支出占人均全部财政支出比重来衡量，计算公式为 FDE = 人均省级支出/（人均省级支出 + 人均中央支出）；（2）财政收入分权度（FDR），计算公式为 FDR = 人均省级收入/（人均省级收入 + 人均中央收入）；（3）财政自给率（FDSS），以省份财政收入占其财政支出比衡量。

2. 市场化程度（DEM）

地方经济国有化程度与市场分割的正相关关系及非国有化程度与市场分割的负相关关系在诸多研究中已得到验证，本研究以非国有单位职工人数占全部城镇职工人数的比例来衡量市场化程度。具体为城镇私营单位和个体就业人员数与城镇单位就业人员总数的比重。

3. 上期 GDP 实际增长率（*RGDP*)

GDP 实际增长率是地方政府最为关心的经济指标。虽然奥肯定律在中国是否有效存在较大争议，但 GDP 增速趋缓则就业压力增大，可能会诱发地方政府采取劳动力要素市场的分割措施。考虑分割结果是由前置分割措施带来，故本研究选用第 $t-1$ 年的 *RGDP* 作为第 t 年控制变量。

4. 技术差距（*TECH*)

从现实来看，技术相对发达的省区市一般也是经济发达省区市，它们更有意愿吸收高素质劳动力以进一步提高技术水平，同时也可能更倾向于设置政策性壁垒防止高素质人才流出，以促进本地重点产业发展，进而在省际分工中持续获益。因此，技术差距对省际劳动力要素市场一体化的影响可能不明确。本研究选取本省区市与其他省区市平均每万人专利授权量之比来衡量技术差距。

5. 宏观税负竞争（*MTBL*)

宏观税负相对水平越低，反映发展意愿越强烈，采取市场分割行为的意愿越小。本研究用本省区市宏观税负水平与其他省区市平均宏观税负的比值来刻画宏观税负竞争程度。本研究剔除价格受经济发展水平影响很大的土地使用权出让收入，采用财政部公布的地方财政一般预算收入占 GDP 的比重这一窄口径的宏观税负指标。

6. 直辖市是否为超大或特大城市，或者省区内是否有超大或特大城市（*D*)

由于一些特大、超大城市已出现人口规模不经济和劳动力省际迁入过度现象，地方政府可能有更强的意愿设置政策性壁垒干预劳动力自由流动。故本研究设置一个虚拟变量 D。$D=1$，代表直辖市为超大或特大城市，或省区内有超大或特大城市；$D=0$，则相反。按照国务院 2014 年发布的《关于调整城市规模划分标准的通知》，城区常住人口 500 万人以上 1000 万人以下的城市为特大城市，城区常住人口 1000 万人以上的城市为超大城市。劳动力跨省区市流动表现出向目标直辖市或省内首位度高的超大或特大城市集中的显著特征，所以这些城市政府对劳动力自由流动的干预很大程度上影响着超大、特大城市自身或其所在省的劳动力要素市场分割程度。在研究时段内，超大、特大城市涉及北京、天津、上海、重庆、江苏、湖北、广东、四川、陕西等 9 个省市。

上述解释变量中，虚拟变量 D 所涉城区人口数据来源于 2010~2019 年各年《中国城市建设统计年鉴》，其他变量数据来源于 2010~2019 年各年《中国统计年鉴》，共采集 30 个省区市（不含西藏和港澳台地区）10 年 300 个观测点的空间面板数据。

6.4.4 研究假设

财政分权主要通过影响地方政府效用函数来影响劳动力市场一体化程度，财政分权度对地方政府同时具有"增长激励效应"和"政策性壁垒效应"。

"增长激励效应"指财政分权度提高后，地方政府获得并运用了更多财政资金，激发了更高的理财主动性，将直接提高基础设施水平、产业投资能力和科技发展水平等。为加速发展本地经济，地方政府尽可能开放并促进市场在更大范围内配置包括劳动力在内的生产要素，从而促进劳动力市场一体化。同时，财政分权度提高会加剧地方政府间非合作式竞争（何智美、王敬云，2007），产生劳动力流动的"政策性壁垒效应"。

这一效应主要表现为地方政府根据本地区发展定位、主导产业、资源环境承载力和社会问题等，通过经济、法规和行政等手段对不符合自身偏好的劳动者流入设置正式或非正式的制度性障碍。

财政分权对劳动力市场一体化的净效应取决于以上两个效应的相对大小。已有研究表明，这个净效应并不确定，且在东中西部存在较大差异。本研究提出如下假说：在其他条件不变情况下，财政分权度的提高会降低多数省区市与其他省区市之间的劳动力市场一体化水平。总体上，财政分权度的提高，不利于推进省际劳动力市场一体化。

6.4.5　实证结果分析

1. 经典线性模型回归

为讨论劳动力要素市场一体化主要影响因素的时空变异，首先用最小二乘法进行全局回归分析（见表 6-19），一是通过逐步回归确认所引入的解释变量改进了 R^2、F 检验且回归参数 t 检验在统计上显著，经检验后在财政分权度中筛选出了收入分权指标；二是将其作为基准回归与 GWR 和 GTWR 估计结果进行比较，上述模型通过 STATA 和 ARCGIS 实现。

表 6-19　　　　财政分权与劳动力要素市场一体化经典线性
模型回归估计结果

变量名	回归系数
常数项（cons）	11.0536 *** （0）
收入分权度（FDR）	5.9928 *** （0.0002）
市场化程度（DEM）	8.8670 *** （0）
上期 GDP 实际增长率（RGDP）	-0.0895 ** （0.0119）
技术差距（TECH）	-0.8467 *** （0）
宏观税负竞争（MTBL）	-0.2625 *** （0）
是否为（有）超大或特大城市（D）	-0.9873 *** （0.0018）

续表

变量名	回归系数
R^2	0.4549
$\overline{R}^2$	0.4437
残差平方和	801.6630
赤池信息准则（AIC）	1160.2300
回归标准差（Sigma）	2.7361

注：** 、*** 分别表示在5%、1% 显著水平上显著。

从线性回归结果看，上年 GDP 实际增长率、技术差距、宏观税负竞争以及是否（含）超大或特大城市的回归系数估计值为负且最高系数估计值小于1，说明全局角度且其他变量不变情况下，上述变量对本地劳动力要素市场一体化发展具有微弱负向作用。财政收入分权和市场化程度的回归系数估计值为正，说明全局角度且其他变量不变情况下，其对劳动力要素市场一体化水平有正向作用，收入分权度每增加 0.01，本省份劳动力要素市场一体化水平将平均提高 0.06。该模型 R^2 为 0.4549，表明模型解释了近一半的信息，其解释力有待通过构建空间计量模型得到进一步增强。

2. 时空地理加权回归

为进一步考察财政分权等解释变量对省际劳动力要素市场一体化影响的时空差异，使用 GWR 和 GTWR 方法进行分析，两个模型的估计结果如表6-20 和表6-21 所示。

表6-20　财政分权与劳动力要素市场一体化 GWR 模型估计结果

变量名	回归系数			
	最小值	中值	最大值	均值
常数项（cons）	-2.79	7.50	27.81	10.11
收入分权度（FDR）	-32.88	6.25	40.82	5.04
市场化程度（DEM）	-12.63	4.70	16.61	3.75
上期 GDP 实际增长率（RGDP）	-0.81	-0.11	0.24	-0.10

续表

变量名	回归系数			
	最小值	中值	最大值	均值
技术差距（TECH）	-8.69	-0.71	9.4761	-0.50
宏观税负竞争（MTBL）	-0.71	0.01	1.6847	0.15
是否为（有）超大或特大城市（D）	-4.74	0.00	4.67	0.12
R^2	0.8733			
$\overline{R}^2$	0.8707			
残差平方和	187.0270			
赤池信息准则（AIC）	946.1110			
回归标准差（Sigma）	0.7896			

表6-21　　　　　财政分权与劳动力要素市场一体化 GTWR 模型估计结果

变量名	回归系数			
	最小值	中值	最大值	均值
常数项（cons）	-6.73	8.99	28.35	9.33
收入分权度（FDR）	-23.27	8.17	53.27	8.56
市场化程度（DEM）	-18.70	6.00	30.68	6.00
上期 GDP 实际增长率（RGDP）	-0.83	-0.04	2.2327	0.04
技术差距（TECH）	-7.26	-0.79	7.7081	-0.57
宏观税负竞争（MTBL）	-1.03	-0.20	1.2506	-0.17
是否为（有）超大或特大城市（D）	-12.09	0	6.94	-0.35
R^2	0.8944			
$\overline{R}^2$	0.8923			
残差平方和	155.8010			
赤池信息准则（AIC）	916.3130			
回归标准差（Sigma）	0.7207			

对比发现，两模型解释力较全局线性回归模型有了较大提高，R^2 分别达到 0.8733 和 0.8944，且 GTWR 相对于 GWR 有更高的拟合度和更低的 AIC。由 GTWR 估计结果及系数空间格局可得到如下几个结论。

第一，财政收入分权对绝大多数省区市绝大多数年份的劳动力要素市场一体化水平具有正向作用，研究时段内这种情形占样本总数的

76.7%。平均而言，收入分权度每增加 0.01，本省区市劳动力要素市场一体化水平将提高 0.08，与全局线性回归结果显示的 0.05 相比，GTWR 模型显示的财政收入分权对劳动力要素市场一体化有更强的正向影响。根据这一实证结果，假设不成立，表明"增长激励效应"大于"行政性壁垒效应"，体现了多数省区市政府在所获财政资源较多情况下，发展当地经济、改善公共服务的意愿较强，能吸引劳动力不断流入，这与庞伟和孙玉栋（2019）的研究结论一致，但与 2008 年之前的主流观点不一致，表明在区域经济一体化和市场化改革持续深入背景下，财政分权对省际劳动力要素市场一体化的影响很可能发生了根本性变化。

根据 GTWR 的估计结果，收入分权对劳动力要素市场一体化在 10 年内均为正向影响涉及 11 个省市，包括北京、山西、吉林、黑龙江、江西、河南、湖南、广东、海南、贵州、重庆等。在所有正向影响结果中，前 10% 高的系数涉及 7 个省市，包括湖南（2013～2018 年）、湖北（2013～2018 年）、云南（2009～2013 年）、广西（2009～2012 年；2014 年）、广东（2010～2013 年）、重庆（2009～2010 年；2016 年）和黑龙江（2009 年），无华北和西北地区省区市。全国范围看，收入分权对劳动力要素市场一体化在 10 年内均为负向影响的省区市尚不存在，产生负向影响达 5 年及以上的仅有 4 个省区，包括青海（2010～2018 年）、甘肃（2011～2018 年）、新疆（2013～2018 年）和山东（2013～2018 年）。

第二，市场化程度对绝大部分样本的劳动力要素市场一体化具有正向作用，研究时段内这一比重达 76.3%。平均而言，市场化程度每增加 0.01，本省区市劳动力要素市场一体化水平将提高 0.06，与全局线性回归结果显示的 0.08 相比，GTWR 模型显示的市场化程度对劳动力要素市场一体化的正向影响有所减弱，但依然支持如下结论：对多数省区市而言，市场化程度的提高，有利于本省区市劳动力要素市场一体化水平的提高。这说明对于工资和就业决定上受管制的国有企业而言，其职工份额的降低会推动部门间劳动生产率和收入水平不断趋同，一体化水平不断提高。

第三，其他控制变量对劳动力要素市场一体化水平的影响程度均较小，系数估计值绝对值最高为 0.57。与全局线性回归结果相比，GTWR模型显示的控制变量对劳动力要素市场一体化的影响都有所减弱。对于上年 GDP 实际增长率这一控制变量，其对大部分省区市劳动力市场一体化具有负向作用，但总体呈现微弱的正向影响，上年 GDP 实际增长率每增加 1 个单位，本省区市动力市场一体化水平将提高 0.04，这与全局线性回归结果显示的负向影响相反，但符合预期，说明上年经济增速的提高，会带来更多的就业机会和收入预期，对劳动力流入有一定吸引力。技术差距、宏观税负竞争对大部分省区市劳动力市场一体化具有负向作用，后者符合预期，前者说明当前阶段在技术上越有优势的省区市，越倾向于以高工资吸收高技能劳动力。超大或特大城市对劳动力市场一体化水平总体呈现负向作用，表明这些城市或其所在省一般仍会通过限制劳动力流入来控制人口规模。

相对于地理距离，各地户籍制度背后的教育、医疗、养老、住房等公共服务和社会保障是实现劳动力优化配置的制度保障，其相关改革的推进，仍有赖于中央和地方政府财力的支持，需要根据劳动力市场特点，进一步明确中央和地方政府事权与支出责任划分，完善财政投入机制，加强地方财力，总体上有利于实现公共资源与劳动力的匹配。持续推进市场化改革，充分发挥市场在资源配置中的决定性作用，是推进劳动力市场一体化的不竭动力。

6.5 小结

本章是本书的实证分析部分，探索性空间数据分析结果表明无论是地方政府规模还是基本公共建设支出之间，都存在显著且稳定的空间相关性，这是证实性空间数据分析的基础。空间计量经济分析结果表明，本研究中假设得到证实，省内支出分权对基本公共建设支出的影响则不显著。总体而言，有以下几点结论。

（1）无论是地方政府规模还是基本公共建设支出，不同地方政府间都存在着显著的空间正向效应，表现出明显的竞争锦标赛或者可能的财政溢出效应。

（2）无论是地方政府规模还是基本公共建设支出，省级支出分权的作用都显著为正。

（3）无论矩阵如何设定，纵向不平衡对地方政府规模的作用不显著，却对基本公共建设支出具有显著的正向作用。这与现实相符，即如果地方政府依赖中央政府的转移支付程度越高，则越会增加投资等经济性支出，忽略其他福利性支出使其对总支出的影响不甚明显。

（4）无论矩阵如何设定，省内支出分权都会显著抑制地方政府规模扩张，却对基本公共建设支出无显著影响。这可能意味着省内支出分权可以使更了解居民公共需求的市县政府通过提高效率而有效减少维持性支出和福利性支出，但却不能降低以晋升为重要激励的经济性支出。

（5）无论矩阵如何设定，人均 GDP 对地方政府规模的影响都不显著，对基本公共建设支出却有显著地推动作用。这暗示了在实证研究对应的数据时段内，中国经济发展水平的提高主要是通过增加经济性支出扩大地方政府规模，反映的也是竞争关系。

（6）无论是地方政府规模还是基本公共建设支出，城镇化率和人口规模都是具有抑制作用的，虽然在少部分情况下不显著，这可能与政府提供服务的边际成本递减有关。

（7）开放度对地方政府规模和基本公共建设支出的影响则比较复杂，唯一显著出现在行政矩阵的空间误差模型中，回归系数为正。

（8）产业结构对地方政府规模和基本公共建设支出的影响也比较复杂，显著的回归系数表现为对地方政府规模的抑制作用。

（9）劳动力要素市场实证结果显示，省级收入分权和市场化程度对大部分省区市劳动力市场一体化具有比其他控制变量更强的促进作用。

第7章

研究结论与政策建议

7.1 研究结论

无论国内还是国外，财政分权与政府规模之间的关系，一直是存在广泛争议的课题。围绕着"利维坦假说"，国际学者应用国外数据进行了一系列研究，研究结果或彼此一致、或相互抵牾；而国内学者也在 2000 年后开始关注这一领域，大部分研究认为"利维坦假说"在中国不成立，相关研究既有省级视角也不乏县市级角度，为本研究提供了非常有益的参考和借鉴，仍有两方面问题需要注意。

第一，仍有部分研究忽视了研究区域间的空间相关性，在研究区域政府规模独立同分布假设下进行实证分析，这一结果往往会存在偏误，原因在于：从理论上讲，地方政府公共支出的溢出效应和竞争效应已被标尺竞争、财政政策策略性行为等理论指出；从实践上说，在社会主义市场经济条件下和中国特色的财政分权体制下，人口、资本、信息、技术的自由流动及官员考核制度，使各地方政府之间的支出竞争更倾向于空间相关。因此，如果不能将这种空间相关关系纳入实证分析中，那么回归结果可能存在很大问题，而这是一些相关研究中难以回避的问题。

第二，部分研究引入了空间计量方法，但应用上仍需要进一步规范之处，尚有一些缺憾。首先，空间计量经济学方法的适用性检验是必需步骤，最小二乘法的独立同分布假定是否恰当，需要进行空间相关性检验，只有空间相关性得到证实，空间计量经济学方法才是适用的，而部分学者的研究容易忽略这一步骤，可能导致空间方法使用不当；其次，国内学者很多研究应用截面数据进行，面板数据研究相对缺乏；最后，面板数据研究中，既要根据不同的空间关联模式设定不同的空间模型，同时也需要确定是选用固定效应还是随机效应，这些都取决于对所用数据的空间检验，而如果缺乏这一步骤，而直接应用较为常用的空间滞后模型结合固定效应进行回归分析，给出研究结果并据此提出政策建议，以上容易导致结果偏误。

基于以上原因，本研究在总结中国财政分权和地方政府规模相关文献的基础上，针对部分研究中存在的忽视空间相关性、研究方法不规范、不彻底等问题，应用支出分权和纵向不平衡与地方政府规模的省级数据对其关系进行了空间计量经济分析，并以基本公共建设支出为例，发现地方政府规模之间的空间相关性并测度其相关方式与强度。此外，探讨了地方劳动力要素市场一体化的空间相关性及财政分权对劳动力要素市场的影响。研究结论有以下几点。

（1）省级视角下的中国地方政府规模间存在显著的空间相关性（1%水平上显著），并且这种相关性大小变化不大，具有一定程度上的稳定性，因此，空间计量方法适用于中国省级视角下的地方政府规模研究。

（2）以支出指标度量的地方政府规模存在"东小西大"的空间格局，这一格局在 2000～2019 年仅有 7 个省区市出现调整，"东小西大"的格局基本稳定，有固化倾向。

（3）地方政府规模的空间关联模式检验结果表明，无论是空间实质相关，还是空间扰动相关，其存在性均不能被否定；固定效应与随机效应检验结果表明，固定效应被排除，存在随机效应，这表明部分研究中直接选用固定效应进行分析的做法不妥。

（4）无论是地方政府规模还是基本公共建设支出，不同地方政府间都存在着显著的空间正向效应，表现出了激烈的财政竞争，反映了当前中国地方政府官员晋升机制下激烈的竞争关系或者可能的财政溢出效应。

（5）无论矩阵如何设定，纵向不平衡对地方政府规模的作用不显著，却对基本公共建设支出具有显著的正向作用。这反映出一般转移支付的使用侧重：得到的一般转移支付越多，用以改善投资环境的经济性支出越多，而福利性支出则似乎很难受益。

（6）无论矩阵如何设定，省内支出分权都会显著抑制地方政府规模扩张，却对基本公共建设支出无显著影响。"利维坦假说"在中国省级视角下以支出指标度量的地方政府相对规模的空间计量经济分析中得到支持，但不能抑制市县政府之间的竞争。

（7）无论矩阵如何设定，人均 GDP 对地方政府规模的影响都不显著，对基本公共建设支出却有显著的推动作用。

（8）省级视角下的中国地方劳动力要素市场一体化空间集聚明显，存在显著正向空间自相关（5% 水平上显著）；财政收入分权对劳动力市场一体化具有正向作用，在所有解释变量中影响强度最大。

由于在当前财政体制下，地方政府没有税收立法职权，而实际意义上的支出分权是存在的，这种支出分权与曾长期存在的地方官员将经济增速视为关键政绩的晋升激励相结合，产生了激烈的支出竞争，并在支出结构中偏重基本建设。空间计量经济学方法的应用，充分考虑了地方政府规模之间的相关性，突破了研究区域间独立同分布假设，回归结果有利于对以下主要结论的理解：由于相对其他生产要素而言，资本最能在短期内发挥增长效应而有利于加快经济增长，地方官员通过不断增大经济性支出改善地区投资环境，并且互相比照，这是本研究结论所揭示的主要内容。但也应看到，省内财政分权对地方政府规模具有显著的抑制作用，同一省份内市县间更为频繁和顺畅的生产要素流动指明了继续推进市场化改革对地方政府规模的影响。

7.2 研究展望

本研究试图在证实地方政府规模存在空间相关性的基础上，应用面板数据对财政分权与地方政府规模之间的关系进行空间计量经济学分析，以期突破传统回归方法独立同分布的假定和现阶段空间计量经济方法局限于横截面数据的问题，对财政分权与地方政府规模的关系进行系统规范的空间计量经济研究。在研究的过程中，不断发现问题，虽尽力弥补，但仍有缺憾，主要包含以下几个方面。

1. 内容层面

在财政分权与地方政府规模关系的实证研究中使用的是支出分权数据，兼顾收入分权研究不足，这使得无法进行对比研究。

2. 数据层面

由于近年来财政支出的指标调整较大，对各项支出的整理需要大量的时间和精力，因此本研究仅以基本公共建设支出为例来探讨地方政府规模之间的空间互动效应，如果辅以维持性支出和福利性支出数据进行研究，有所对比，则分析将更为透彻。而考虑数据可得性，基本公共建设支出的数据也局限在 2000～2006 年，数据较早。如时间允许，可将近年来所有支出项目整理划分，分别探讨，这样与实证结果相结合，有利于地方政府支出结构的优化。另外，由于国内将科教文卫领域的基建支出纳入基本公共建设支出科目，这导致基本建设支出高估，进而低估了财政分权与纵向不平衡对其的影响。

3. 方法层面

在本研究的空间模型选定中，根据相关数据进行的检验结果，有时既不能排除空间实质相关，又不能排除空间误差相关，这种情况下就需要列出两种模型回归结果。事实上，两种空间相关都存在的情况下，空间一般相关模型适用。但遗憾的是，空间一般相关模型当前只能应用于横截面数据，在面板数据中的应用尚未实现。因此，将空间一般相关模型推向面板数据，在 MATLAB 的空间计量工具箱中实现，可以使空间计量经济学在诸多领域中的研究更为规范和深化，是一个有意义的研究方向。

7.3　政策建议

如前面所述，以经济增速为关键指标的官员考核机制是引发支出竞争的重要因素进而可能推动地方政府规模膨胀。同时，加速的生产要素流动会使地方政府提高公共物品的提供效率，降低成本。因而在政策设计上，应以此两项改革的推进为核心。

7.3.1 优化地方政府官员考核机制

在过去很长一段时间内，以 GDP 为核心的考核参考体系会促进地方政府官员努力提高本地的 GDP 增速，但也会带来地方政府规模膨胀和支出结构扭曲，以及资源消耗、环境污染和重复建设等诸多问题。党的十八届三中全会以后，官员考核制度出现了去 GDP 化的趋势，在 2013 年中组部对地方官员考核体系作出的结构性调整中，明确提出了弱化 GDP 增速的考核权重且加强环境保护等方面的考核。进一步优化地方政府官员考核机制应从以下两个方面入手。

1. "自上而下" 考核检查与 "自下而上" 监督咨政相结合

辖区内的居民更关心本地政府官员的表现，相对而言更具发言权，将其评价纳入官员晋升的考评体系中是科学且较为可靠的。充分发挥辖区内居民对本地官员的监督权和对重大决策的建议权，也更加有利于地方政府改进绩效。具体而言有以下两点建议。

一是充分发挥人民代表大会制度的优越性。人民代表源自人民，代表本地居民对本地政权机构进行监督。从当前情况来看，在以下几个方面仍可继续优化：（1）逐步扩大基层民众在人民代表中的比例。基层民众代表代表了辖区内最大比例人口的利益诉求，上级领导机构要高度重视这些呼声以及与其诉求相对应的部门与领导，关注反映问题的真实性与改进情况，以便对下属作出科学评价。（2）重视对代表履职能力特别是对财政预决算审核能力的培养。为保障真正代表人民利益，应借助本地高校及科研机构资源组织对其履职能力特别是基层人大代表的履职能力就近进行培训，特别是对财政预决算审核能力的培训，切实管住政府的 "钱袋子"，监督预算执行情况。（3）增加参加审议的部门，细化预决算报告内容，提前发放报告。要继续增加参加预算审议的部门，并将预算在网上公开，专人跟踪网络舆情，收集科学意见，以不断改进相关制度安排和内容细节。此外，人民代表大会的预决算报告如若粗略，将不利于审议，需继续细化并增加附表以备查看。同时，由于会期短，应提前发放报告到代表手中，并在网上公开，让人大代表、当地居民有足够的时间审阅报告，提出意见。

　　二是健全完善人民政协的社会主义协商民主制度。人民政协是我国各党派进行参政议政的重要平台，在经济社会发展中发挥着重要作用。协商民主制度是社会主义民主问题上最新的实践创新和理论创新，有助于拓宽公民有序政治参与的渠道。从已经取得的经验来看，应继续深化和加强专题协商，强化财税监督。专题协商是实践协商民主制度的成功探索，主要就关系本地区发展的战略性问题开展与党政高层对话和互动，提出成熟意见。由于几乎所有战略性问题的实施都涉及财税问题，因此这成为"自下而上"监督的一个重要平台，通过对重大决策过程的参与，矫正支出扭曲，实现居民利益诉求的传达。未来一方面应继续拓展协商的领域和内容，不仅在进行决策前和决策中协商，还要探索选举中的协商和协调关系中的协商的实现路径；另一方面要加强专题协商程序和机制上的保障，使专题协商成果切实进入决策过程，充分发挥人民政协的咨政功能。积极探索界别协商机制，发挥财经界整体作用。协商有利于发挥人民政协的智力优势、组织优势和制度优势。应就相对成熟的、涉及财税体制改革、财政支出的领域与结构的战略性、宏观性议题加强财经相关界别内部、财经界与其他界别及政协界别与职能部门领导的协商。在界别协商的酝酿、实施和反馈阶段，充分重视界别联系群众的利益诉求，共同保证财政支出的高效、科学和可持续，有助于明确政府间纵向支出责任。

2. 深化官员考核机制改革

以经济增速为关键指标的官员考核机制能带来官员之间激烈的支出竞争，改善经济环境从而促进经济增长，改善居民生活条件，但其弊端也显而易见。早在 2003 年，原国家环保总局副局长潘岳提及"绿色 GDP 核算体系将与现行的干部考核体系挂钩"[①]，这种将绿色 GDP 作为官员考核主要参考指标的理念，考虑了当时政府竞争存在一定盲目性，不惜牺牲生态环境谋求增长，这是认识上的进步。保持和改善生态环境也为越来越多的政府官员所重视，但很多地区多将核算这一概念用于参考，这在很大程度上是由于指标复杂之后考核便难以再具备应有的效力，使操作性大打折扣。

事实上，以财政支出竞争为基础的地方政府竞争得以存在的前提在于，通过适当的经济增速以保持就业的稳定，低于这一增速将造成失业等严重社会问题。这一增速根据国内外经济形势和改革进程在一定区间内变化，体现出较强的阶段性特征。当前国际国内经济普遍存在下行趋势的情况下，特别是在新冠肺炎疫情冲击和"碳达峰、碳中和"约束下，经济增速不宜过低，在从高速转为中高速的情况下如何保证稳定的就业，不但涉及地方政府规模的合理控制，也涉及中国经济的长远发展。长远来看，需要强化就业与生态并重的官员考核机制。

党的十八届三中全会审议通过的《中共中央关于全面深化改革若干重大问题的决定》提出，"完善发展成果考核评价体系，纠正单纯以经济增长速度评定政绩的偏向，加大资源消耗、环境损害、生态效益、产能过剩、科技创新、安全生产、新增债务等指标的权重"。2013 年 12 月，中组部下发的《关于改进地方党政领导班子和领导干部政绩考核工作的

[①] 《绿色 GDP 将成官员考核指标》，http：//finance. sina. com. cn/roll/20031209/1151553833. shtml，2003 年 12 月 9 日。

通知》提出,"不能仅仅把地区生产总值及增长率作为考核评价政绩的主要指标,不能搞地区生产总值及增长率排名",并要"强化约束性指标考核,加大资源消耗、环境保护、消化产能过剩、安全生产等指标的权重。更加重视科技创新、教育文化、劳动就业、居民收入、社会保障、人民健康状况的考核",这些表述意味着就业和环保等指标的重要性及纳入地方官员考核的大趋势。应研究制定简洁有效的生态环境保护的硬性指标,激励与惩罚并存,严格按主体功能区划布局产业,严守生态红线。

7.3.2 破除生产要素自由流动障碍

省内支出分权有利于抑制地方政府规模,很大程度上取决于市县范围内生产要素流动更加频繁,地方政府为了吸引税源和保持经济增长而提高公共物品提供效率。应推进生产要素频繁流动,破除体制机制障碍,实现同一省份市县间要素快速流动和更大范围内的要素流动。政府应在技术和劳动力流动方面发挥更好作用。

1. 技术流动方面

政府应鼓励企业跨区域寻求技术,积极推进高等院校与科研院所合作,购买现有有市场推广前景的技术乃至对有潜力的技术研发进行定向的资金支持。在条件具备的情况下,针对本地区产业实际引进技术生产方,如建立科技实力雄厚的科研院所分院、高等院校分校等,选择产业链长、利润丰厚的主导产业进行集中研发,推进各地间技术顺畅流动。

2. 劳动力流动方面

具体有以下几点:

(1)加快教育和社保改革,最大限度解除非户籍常住人口后顾之忧。

进城务工人员随迁子女难以在父母身边接受义务教育，成为劳动力流动的主要障碍，有相当多已具备技能的劳动力受限于难以随之流动的子女而无法留在特大城市，无法发挥其生产力。应扎实推进生均公用经费基准定额和"两免一补"资金两项义务教育经费可携带，以减轻迁入地政府的义务教育财政压力，并逐步放开随迁子女异地高考等。同时，应建立健全全国统一、可接续的社保体系，特别是在医疗保险和养老保险两个领域为社保一体化奠定坚实基础。

（2）积累差别化政策经验，完善人才落户及相关居住制度。自 2014 年国务院印发《关于进一步推进户籍制度改革的意见》，要求建立城乡统一的户口登记制度，根据城市类型实施差别化落户政策后，各地政府均出台了户籍制度改革实施意见。《2019 年新型城镇化建设重点任务》继续加大了户籍制度改革力度，对城区常住人口 300 万～500 万的Ⅰ型大城市全面放开放宽落户条件，全面取消重点群体落户限制，这意味着劳动力在此类城市落户已不存在制度性限制。应根据各地人口承载力差异形成最大限度有利于劳动力流动的梯度政策框架，超大或特大城市与中央政府建立一套因实施居住证制度而产生的拥堵、环保、稳定等新增治理成本的共担机制，在财力允许情况下有序、优先调增居住证持有人最为关心的权利，同时实施以产业转移为主的人口间接疏导政策。

参 考 文 献

[1] 陈硕, 高琳. 央地关系: 财政分权度量及作用机制再评估 [J]. 管理世界, 2012 (6): 43-59.

[2] 陈太明. 贸易开放、人口规模与中国地方政府规模: 驱动还是补偿 [J]. 经济理论与经济管理, 2018 (10): 5-20.

[3] 傅勇, 张晏. 中国式分权与财政支出结构偏向: 为增长而竞争的代价 [J]. 管理世界, 2007 (3): 4-12, 22.

[4] 高培勇. 找准建立现代财税体制的着力点和着重点 [J]. 全球商业经典, 2021 (4): 144-149.

[5] 高培勇等. 中国财政70年 [M]. 北京: 经济科学出版社, 2019.

[6] 龚璞, 杨永恒. 财政分权、政府规模与公共服务成本效益——基于2002—2012年省级面板数据的实证分析 [J]. 公共行政评论, 2017, 10 (5): 144-170, 219.

[7] 郭庆旺, 贾俊雪. 财政分权、政府组织结构与地方政府支出规模 [J]. 经济研究, 2010, 45 (11): 59-72, 87.

[8] 郭庆旺, 贾俊雪. 中国地方政府规模和结构优化研究 [M]. 北京: 中国人民大学出版社, 2012.

[9] 何智美, 王敬云. 地方保护主义探源——一个政治晋升博弈模型 [J]. 山西财经大学学报, 2007 (5): 1-6.

［10］胡书东．经济发展中的中央与地方关系：中国财政制度变迁研究［M］．上海：上海人民出版社，2001．

［11］贾俊雪．中国财政分权、地方政府行为与经济增长［M］．北京：中国人民大学出版社，2015．

［12］贾康．中国财税体制改革的经验和愿景展望［J］．中国经济报告，2019（1）：24－31．

［13］蒋俊彦，吴迪．对外开放与地方政府规模：基于省级面板数据的实证分析［J］．教学与研究，2011（12）：66－72．

［14］金红磊．适度政府规模研究［M］．北京：人民出版社，2010．

［15］孔刘柳，谢乔昕．财政分权对地方政府规模影响的区域差异实证［J］．上海经济研究，2010（2）：20－25．

［16］李和中．中国地方政府规模与结构研究［M］．北京：科学出版社，2012．

［17］李萍．财政体制简明图解［M］．北京：中国财政经济出版社，2010．

［18］李涛，周业安．中国地方政府间支出竞争研究［J］．管理世界，2009（2）：12－22．

［19］李婉．财政分权影响地方财政规模的地区差异研究［J］．北方经济，2008（1）：66－67．

［20］李永友，沈坤荣．辖区间竞争、策略性财政政策与FDI增长绩效的区域特征［J］．经济研究，2008（5）：23－32．

［21］刘尚希．新中国70年发展的财政逻辑［M］．北京：中国财政经济出版社，2019．

［22］楼继伟．深化事权与支出责任改革 推进国家治理体系和治理能力现代化［J］．财政研究，2018（1）：2－9．

［23］楼继伟．中国政府间财政关系再思考［M］．北京：中国财政

经济出版社，2013．

[24] 毛捷，管汉晖．林智贤经济开放与政府规模——来自历史的新发现（1850–2009）[J]．经济研究，2015（7）：87–101．

[25] 毛泽东．毛泽东文集第七卷 [M]．北京：人民出版社，1999．

[26] 庞伟，孙玉栋．财政支出结构与效率对非税收入的影响研究 [J]．价格理论与实践，2019（8）：83–87，127．

[27] 彭锻炼．财政分权、公务员工资与政府规模大小——基于系统广义矩回归分析的研究 [J]．财经论丛，2013（6）：23–30．

[28] 乔宝云，范剑勇，冯兴元．财政分权与小学义务教育 [J]．中国社会科学，2005（6）：37–45．

[29] 乔宝云．增长与均等的取舍——中国财政分权政策研究 [M]．北京：人民出版社，2002．

[30] 邵军．地方财政支出的空间外部效应研究 [J]．南方经济，2007（9）：3–11．

[31] 苏晓红，王文剑．中国的财政分权与地方政府规模 [J]．财政研究，2008（1）：44–46．

[32] 孙琳，潘春阳．"利维坦假说"、财政分权和地方政府规模膨胀——来自1998–2006年的省级证据 [J]．财经论丛，2009（2）：15–22．

[33] 孙群力．财政分权对政府规模影响的实证研究 [J]．财政研究，2008（7）：33–36．

[34] 孙群力．地区差距、财政分权与中国地方政府规模 [J]．财贸经济，2009（7）：56–61．

[35] 田红宇，严宏，祝志勇．财政分权与地方政府规模的空间计量分析 [J]．现代财经（天津财经大学学报），2015，35（7）：34–44．

[36] 田时中．中国式财政分权抑制了政府公共服务供给吗?[J]．西

南民族大学学报（人文社科版），2020，41（6）：119－130.

［37］汪玉凯.党和国家机构改革与国家治理现代化［J］.中共天津市委党校学报，2018，20（3）：59－65.

［38］王守坤，任保平.中国省级政府间财政策略性反应的识别与解析：1978－2006［J］.管理世界，2008（11）：32－43.

［39］王伟强.我国地方政府规模是否存在过度扩张？——来自 PSTR 模型的经验证据［J］.云南财经大学学报，2018，34（11）：14－25.

［40］王玮.财政分权改革与我国地方市场分割的形成及其治理［J］.财政监督，2004（3）：14－16.

［41］王文剑.中国的财政分权与地方政府规模及其结构——基于经验的假说与解释［J］.世界经济文汇，2010（5）：105－119.

［42］王永钦，张晏，章元，陈钊，陆铭.中国的大国发展道路——论分权式改革的得失［J］.经济研究，2007（1）：4－16.

［43］项怀诚.中国财政 50 年［M］.北京：中国财政经济出版社，1999.

［44］谢乔昕，孔刘柳，张宇.晋升激励与财政分权条件下的地方政府规模［J］.经济经纬，2011（3）：118－122.

［45］尹恒，徐琰超.地市级地区间基本建设公共支出的相互影响［J］.经济研究，2011（7）：55－64.

［46］余华义.城市化、大城市化与中国地方政府规模的变动［J］.经济研究，2015，50（10）：104－118.

［47］余锦亮，卢洪友，朱耘婵.人口增长、生产效率与地方政府财政支出规模——理论及来自中国地级市的经验证据［J］.财政研究，2018（10）：42－54.

［48］张芬，赵晓军.中国财政分权度量指标的比较研究［J］.经济研究参考，2016（34）：44－59.

［49］张光．测量中国的财政分权［J］．经济社会体制比较，2011（6）：48 – 61．

［50］张军，樊海潮，许志伟，周龙飞．GDP 增速的结构性下调：官员考核机制的视角［J］．经济研究，2020，55（5）：31 – 48．

［51］张曙光，樊纲．两种不同机制下的经济调整——兼论治理整顿和深化改革的关系［J］．经济学家，1990，5（5）：5 – 14．

［52］张雅林．适度政府规模与我国行政机构改革选择［J］．经济社会体制比较，2001（3）：100 – 105．

［53］张亚斌，阙薇．内生模型下财政分权对政府规模的影响机制——支出端分权与地方政府规模的非线性关系［J］．经济学（季刊），2020，20（5）：235 – 256．

［54］张晏，夏纪军，张文瑾．自上而下的标尺竞争与省级政府公共支出溢出效应差异［J］．浙江社会科学，2010（12）：20 – 26．

［55］张晏．分权体制下的财政政策与经济增长/复旦大学青年经济学者文库［M］．上海：上海人民出版社，2005．

［56］赵为民，谭荣华．我国地方财政策略性行为研究及空间溢出效应估计［J］．财经论丛，2016（2）：32 – 39．

［57］赵志耘，郭庆旺．论中国财政分权程度［J］．涉外税务，2005（11）：9 – 14．

［58］郑法川．地方政府规模影响因素实证分析［J］．财政研究，2012（4）：39 – 41．

［59］钟晓敏．市场化改革中的地方财政竞争［J］．财政研究，2004（1）：21 – 30．

［60］周黎安．晋升博弈中政府官员的激励和合作［J］．经济研究，2004（6）：33 – 40．

［61］周黎安．中国地方官员的晋升锦标赛模式研究［J］．经济研

究, 2007 (7): 36 - 50.

[62] 周业安. 地方政府竞争与经济增长 [J]. 中国人民大学学报, 2003 (1): 97 - 103.

[63] 庄玉乙, 张光. "利维坦" 假说、财政分权与政府规模扩张: 基于 1997 - 2009 年的省级面板数据分析 [J]. 公共行政评论, 2012, 5 (4): 5 - 26, 178.

[64] Anselin L. Local indicators of spatial association—LISA [J]. Geographical Analysis, 1995, 27 (2): 93 - 115.

[65] Arze del Granado F J, Martinez-Vazquez J, Simatupang R R. Local government fiscal competition in developing countries: The case of Indonesia [J]. Urban Public Economics Review, 2008 (8): 13 - 45.

[66] Baicker, K. The Spillover effects of state spending [J]. Journal of Public Economics, 2005, 89 (2 - 3): 529 - 544.

[67] Baiman, S, Demski, J. S. Economically optimal performance evaluation and control systems [J]. Journal of Accounting Research, 1980, 18: 184 - 220.

[68] Besley T, Case A. Incumbent Behavior: Vote-seeking, tax-setting, and yardstick competition [J]. American Economic Review, 1995, 85 (1): 25 - 45.

[69] Brennan G, Buchanan J M. The power to tax: Analytic foundations of a fiscal constitution [M]. Cambridge: Cambridge University Press, 1980.

[70] Brennan G, Buchanan J M. Towards a tax constitution for leviathan [J]. Journal of Public Economics, 1977, 8 (3): 255 - 273.

[71] Breton A. Competitive governments: An economic theory of politics and public finance [M]. Cambridge: Cambridge University Press, 1998.

[72] Bucovetsky S, Wilson J D. Tax competition with two tax instruments

[J]. Regional Science and Urban Economics, 1991, 21 (3): 333 –350.

[73] Caldeira E, Foucault M, Rota-Graziosi G. Decentralization in Africa and the nature of local governments' competition: Evidence from Benin [J]. International Tax and Public Finance, 2015, 22 (6): 1048 –1076.

[74] Case A C, Rosen H S, Hines J R. Budget spillovers and fiscal policy interdependence: Evidence from the states [J]. Journal of Public Economics, 1993, 52 (3): 285 –307.

[75] Cassette A, Paty S. Fiscal decentralization and the size of government: a European country empirical analysis [J]. Public Choice, 2010, 143 (1): 173 –189.

[76] Crowley G R, Sobel R S. Does fiscal decentralization constrain Leviathan? New evidence from local property tax competition [J]. Public Choice, 2011, 149 (1): 5 –30.

[77] Ehdaie J. Fiscal decentralization and the size of the government: an extension with evidence from cross-country data [R]. The World Bank, 1994.

[78] Elhorst J P, Fréret S. Evidence of political yardstick competition in France using a two-regime spatial Durbin model with fixed effects [J]. Journal of Regional Science, 2009, 49 (5): 931 –951.

[79] Gordon R H. An optimal taxation approach to fiscal federalism [J]. The Quarterly Journal of Economics, 1983, 98 (4): 567 –586.

[80] Huang B, Wu B, Barry M. Geographically and temporally weighted regression for modeling spatio-temporal variation in house prices [J]. International Journal of Geographical Information Science, 2010, 24 (3): 383 –401.

[81] Jin J, Zou H. How does fiscal decentralization affect aggregate, national, and subnational government size? [J]. Journal of Urban Economics, 2002, 52 (2): 270 –293.

[82] Joulfaian D, Marlow M L. Government size and decentralization: Evidence from disaggregated data [J]. Southern Economic Journal, 1990, 56 (4): 1094 –1102.

[83] Justman M, Thisse J F, Van Ypersele T. Taking the bite out of fiscal competition [J]. Journal of Urban Economics, 2002, 52 (2): 294 –315.

[84] Lin J Y, Liu Z. Fiscal decentralization and economic growth in China [J]. Economic Development and Cultural Change, 2000, 49 (1): 1 –21.

[85] Moran P A P. Notes on continuous stochastic phenomena [J]. Biometrika, 1950, 37 (1 –2): 17 –23.

[86] Niskanen, William A. Bureaucracy and representative government [M]. Chicago: Aldine Atherton, 1971.

[87] Oates W E. Fiscal federalism [M] . New York: Harcourt Brace Jovanovich, 1972.

[88] Oates W E. Searching for leviathan: an empirical study [J]. The American Economic Review, 1985, 75 (4): 748 –757.

[89] Parsley D C, Wei S J. Explaining the border effect: the role of exchange rate variability, shipping costs, and geography [J]. Journal of International Economics, 2001, 55 (1): 87 –105.

[90] Rodden J. Reviving Leviathan: fiscal federalism and the growth of government [J]. International Organization, 2003, 57 (4): 695 –729.

[91] Rostow W W. Politics and the stages of growth [R]. Cambridge: Cambridge University Press, 1971.

[92] Salmon P. Decentralization as an incentive scheme [J]. Oxford Review of Economic Policy, 1987, 3 (2): 24 –43.

[93] Shleifer A. A theory of yardstick competition [J]. The RAND journal of Economics, 1985: 319 –327.

[94] Stein E. Fiscal decentralization and government size in Latin America [J]. Journal of applied Economics, 1999, 2 (2): 357 – 391.

[95] Tiebout C M. A pure theory of local expenditures [J]. Journal of Political Economy, 1956, 64 (5): 416 – 424.

[96] Wallis J J, Oates W E. Decentralization in the public sector: An empirical study of state and local government, in Rosen, H S. (ed.). Fiscal federalism: Quantitative studies [M]. Chicago: Universily of Chicago press, 1988.

[97] Wilson J D, Wildasin D E. Capital tax competition: bane or boon [J]. Journal of Public Economics, 2004, 88 (6): 1065 – 1091.

[98] Wilson J D. A theory of interregional tax competition [J]. Journal of urban Economics, 1986, 19 (3): 296 – 315.

[99] Zodrow G R, Mieszkowski P. Pigou, Tiebout, property taxation, and the underprovision of local public goods [J]. Journal of urban economics, 1986, 19 (3): 356 – 370.